GTB
Gütersloher Taschenbücher
1301

Jesus sagt:
In der Welt habt ihr Angst,
aber seid getrost,
ich habe die Welt überwunden.

Johannes 16,33

Jürgen Jeziorowski

Eugen Drewermann –
der Streit um den Glauben
geht weiter

Gütersloher Verlagshaus
Gerd Mohn

Originalausgabe

Die Deutsche Bibliothek – CIP-Einheitsaufnahme

Jeziorowski, Jürgen:
Eugen Drewermann – der Streit um den Glauben geht weiter /
Jürgen Jeziorowski. – Orig.-Ausg. – Gütersloh : Gütersloher
Verl.-Haus Mohn, 1992
(Gütersloher Taschenbücher ; 1301)
ISBN 3-579-01301-7
NE: GT

ISBN 3-579-01301-7
© Gütersloher Verlagshaus Gerd Mohn, Gütersloh 1992

Umschlaggestaltung: Dieter Rehder, B-Kelmis,
unter Verwendung eines Fotos von Raul Niemann
Gesamtherstellung: Clausen & Bosse, Leck
Printed in Germany

Heinrich Heine läßt grüßen

Die Sonne ging auf bei Paderborn,
Mit sehr verdroßner Gebärde.
Sie treibt in der Tat ein verdrießlich Geschäft –
Beleuchten die dumme Erde!

Hat sie die eine Seite erhellt,
Und bringt sie mit strahlender Eile
Der andern ihr Licht, so verdunkelt schon
Sich jene mittlerweile.

Der Stein entrollt dem Sisyphus,
Der Danaiden Tonne
Wird nie gefüllt, und den Erdenball
Beleuchtet vergeblich die Sonne! –

Und als der Morgennebel zerrann,
Da sah ich am Wege ragen,
Im Frührotschein, das Bild des Manns,
Der an das Kreuz geschlagen.

Mit Wehmut erfüllt mich jedesmal
Dein Anblick, mein armer Vetter,
Der du die Welt erlösen gewollt,
Du Narr, du Menschheitsretter!

Sie haben dir übel mitgespielt,
Die Herren vom hohen Rate.
Wer hieß dich auch reden so rücksichtslos
Von der Kirche und vom Staate!

Zu deinem Malheur war die Buchdruckerei
Noch nicht in jenen Tagen
Erfunden; du hättest geschrieben ein Buch
Über die Himmelsfragen.

Der Zensor hätte gestrichen darin,
Was etwa anzüglich auf Erden,
Und liebend bewahrte dich die Zensur
Vor dem Gekreuzigtwerden.

Ach! hättest du nur einen andern Text
Zu deiner Bergpredigt genommen,
Besaßest ja Geist und Talent genug,
Und konntest schonen die Frommen!

Geldwechsler, Bankiers, hast du sogar
Mit der Peitsche gejagt aus dem Tempel –
Unglücklicher Schwärmer, jetzt hängst du
am Kreuz
Als warnendes Exempel!

Heinrich Heine
Deutschland. Ein Wintermärchen
Caput XIII (1844)

Inhalt

I. Der Streit um den Glauben

  1. Dekret statt Dialog
    Zwischenruf zum Fall
    Degenhardt/Drewermann 9
  2. Dokumente zum verweigerten Dialog 21

**II. Glauben und Denken im Werk
   des Eugen Drewermann**

  1. Im Getto der Angst 39
  2. »Psychoanalyse und Moraltheologie« 51
  3. »Tiefenpsychologie und Exegese« 65
  4. Neue Zugänge zur Bibel 83
  5. »Kleriker. Psychogramm eines Ideals« 101

Eugen Drewermann
Biographische Daten 120

Seine Bücher
Ein Gesamtverzeichnis 121

I.
Der Streit um den Glauben

1. Dekret statt Dialog
Zwischenruf zum Fall
Degenhardt/Drewermann

Mit Trauer und Betroffenheit muß man hilflos und enttäuscht den langwierigen, unseligen Streit von Paderborn zur Kenntnis nehmen. Seit einigen Jahren stehen sich der Paderborner Erzbischof Johannes Joachim Degenhardt und der Priester-Therapeut Eugen Drewermann einander wie Einzelkämper gegenüber. Dabei geht es um einen Kampf, bei dem man – von einer Ausnahme abgesehen – bisher nicht zu einem theologischen Gespräch gekommen ist. Ob es wirklich keine andere Lösung in Richtung Dialog und Fachdiskurs gegeben hätte und gibt? Nur Feinde der Kirche und Zyniker können sich freuen, wenn der Katholizismus so hemmungslos öffentliche Selbstzerfleischung treibt. Viele angeblich abgestandene Vorurteile gegen eine hilflose, autoritäre, intolerante, dialogunfähige Institution werden so quasi frei Haus mitgeliefert. Es wirkt dabei wenig tröstend, daß der Paderborner Bischof immerhin im Juli 1990 *einen* intensiven theologischen Dialog mit Drewermann von sechs Stunden Dauer zustande gebracht hat. Statt dringend notwendiger weiterer Gespräche gab es reichlich Dekrete und die dazugehörigen Rechtsbelehrungen kirchenamtlicher Selbstrechtfertigung. Statt theologischer Argumente folgten »starke Schritte« einer sich stark fühlenden Kirchenverwaltung.

Drewermann hat die rechtliche Seite dieser gefährlichen Auseinandersetzung mit dem überlasteten Bischof wenig wahrgenommen. Für den Priester, für den Propheten und für den Poeten blieb das CIC trotz Drohung immer in einiger Distanz. Es gibt sicher tieferliegende Gründe, die es dem Priester-Therapeuten nicht gestatten, in den so heilsamen Kategorien des Canon Iuris Canonici zu fühlen, zu denken und zu reagieren. Völlig wehrlos geht er mit »ausschließender Nutzfrist«, mit Beschwerde, mit Appellation und mit anderen Rechtsmitteln um (siehe Matthäus 5,39). Spricht aus dieser »(un)klugen«, gewaltlosen und konsequent pazifistischen Haltung auch ein wenig modernes Rechtsempfinden eines aufgeklärten Menschen am Ende des 20. Jahrhunderts? Da hat man es nicht mehr so gern, wenn Anklage, Gericht, Appellationsweg und schließlich die Exekution in einer Hand bleiben. Autoritäre Systeme, fern von jeder Gewaltenteilung, zeigen sich dann wiederum überrascht, wenn Opfer bewußt gewaltlos reagieren. Weil Wahrheit warten kann, hat Drewermann hier wenig Eile.

So kommen die Fragen nach einem konfessionellen oder gar nach einem kirchlichen Konsensus eigentlich viel zu früh, wie auch ein theologisches Urteil über den Querdenker aus Paderborn noch weitgehend unbegründet erfolgen müßte. Denn der theologische Dialog auf breiter Linie ist allen gegenläufigen Behauptungen zum Trotz noch nicht eröffnet worden. Ein paar opportunistische Sätze über ein SPIEGEL-Interview dürften da noch zu wenig theologischen Tiefgang vermitteln. Einen solchen Theologen von Rang, Qualität und Anspruch eines Drewermann kann man nicht auf dem Verwaltungsweg formal behandeln und fundamentalistisch beschwichtigend bewerten. Selbst bewährte Exorzismen aus der älteren Kirchengeschichte helfen da wenig.

Disziplinarmaßnahmen ohne theologischen Dialog bedingen, daß die Freunde Drewermanns kaum gezwungen werden können, ihrerseits auf mögliche Schwächen eines verheißungsvollen Neuansatzes hinzuweisen. Es kann nur um erste Einschätzungsversuche eines hoch riskanten kirchlichen Trauerspiels jenseits kultivierter Dialoge gehen.

Es geht um vorläufige theologische Bewertungen, die im Unterschied zur lehramtlichen Kirche aus jahrelangen gründlichen Gesprächen mit Drewermann entstanden sind. Dieser wichtige kleine Unterschied hat die Verständigung mit Bischöfen nicht gerade erleichtert.

Es wurde nun kalt und finster an der Pader, in der ehrwürdigen Stadt des Friedrich von Spee. Devote Hofberichterstattung darf in diesem Sachbuch trotz aller notwendigen Zurückhaltung nicht erwartet werden. Die Stimmen contra Drewermann sind ohnehin auffallend schnell deutlicher, lauter und schärfer geworden. Bewährter, vorauseilender Gehorsam mußte sich sputen und sich auf systemimmanente Sprachspiele und -regelungen einlassen. Man zeigte sich auch hier recht genügsam. Die Entwicklung hat im ganzen einen so traurigen Verlauf genommen, daß man es wirklich für notwendig befunden hat, diese fromme Jesus-Mystik, diese glühende Christus-Verehrung kirchenamtlich Stück für Stück niederzuwalzen. Das insgeheim gefürchtete Kirchenvolk sollte stufenweise an die dringend erforderlichen Maßnahmen kirchlicher Fürsorge gewöhnt werden. Es sollten »fürsorglich« weitere Ansteckung, neue Infektionen und mögliche Epidemien vermieden werden.

Drewermann hat sich allerdings nicht stumm zurückgezogen. Er hat trotzdem sensibel an seinen Ortsbischof geschrieben von seinem Eindruck, daß nun ein besonderer Amtsstil – »wie ein Bulldozer im Garten der Alhambra« – in Bewegung gesetzt worden sei. Komplizierte theologische Zusammenhänge würden dann doch ein wenig mehr Zuwendung und Feineinstellung verlangen, als das bisher investiert worden sei. Geistige Probleme ließen sich generell schlecht mit Gewalt jenseits jedweder Streitkultur lösen. Dazu Eugen Drewermann: »Der Herr Erzbischof hat mit mir keine Disziplinarschwierigkeiten. Ich bin kein Chaot. Was er mit mir hat, das sind geistige Probleme, und die muß man geistig lösen.« Aber genau hier liegt die gefährliche Energie dieses unbequemen kirchlichen Zeitgenossen. So wurde zum Beispiel der Entzug der Predigterlaubnis von Anfang 1992 als ein kirchlich-geistlicher Vorgang im Kern tatsächlich mit einem SPIEGEL-Interview vom Dezember 1991 (Nr. 52/91) begründet! In pastoralem »Feingefühl« hat man auch total übersehen, daß dieses journalistische Gespräch im SPIEGEL von einem ehemaligen Priester geführt und gestaltet worden war. Man muß die hier gegebene Begründung schon auf sich wirken lassen, um noch zu erkennen, daß es sich dabei wirklich um ein kirchlich-theologisches Vorgehen handelt.

Drewermann hat längst über seine Konfession, über die Teilkirche Roms und auch über den kirchlichen Raum hinaus
Wirkungen gezeigt. Speziell Lutheraner aus der katholischen
Tradition interessieren sich ohne böse Einmischung in
fremde Konflikte dafür, wie man konkret im römisch-katholischen Umfeld mit abweichenden Meinungen und mit Kritik
heute umgeht. Lutheraner haben es an sich, daß sie sich zu
allem Überfluß noch an vergleichbare Vorgänge vor knapp
500 Jahren erinnern. Konnte man doch die damalige folgen-
schwere Fehleinschätzung gegen den Augustinermönch Luther noch nicht ganz vergessen. 450 Jahre verweigerter Reformation haben mit Paderborn mehr zu tun, als dies vielen
angeblich aus ökumenischer Rücksicht recht sein kann.
Der theologische Streit um Drewermanns Bücher würde sich
inhaltlich und auch methodisch schon lohnen. Ein Versagen
der wissenschaftlichen Theologie wird an diesem Beispiel
zudem mehr und mehr erkennbar. Nicht einmal eine Dialog-
Vermeidungsstrategie zur Schadensbegrenzung ließ sich er-
schließen. Als evangelische Gesprächspartner haben wir
Drewermann des öfteren auf die begrenzte Bandbreite des
heutigen Katholizismus und auch auf Grenzen des katholischen Luthertums angesprochen. Eine Zurückweisung von
Kritik haben wir dabei nie erfahren. Der äußerst bescheidene
Drewermann blieb auf Einwände und auf Kritik immer ansprechbar. Er weiß selbst, daß er nicht Fans und Nachbeter
braucht, er benötigt fern von eigener und fern von externer
Unfehlbarkeit einen breit angelegten seriösen Fachdiskurs.
Er selbst sieht die Gefahr einer Ikonisierung seiner Person
und weiß, wie schädlich eine Abdrängung in eine spezielle
Ecke monotoner, lauter Kirchenkritik auf Dauer wirken
müßte. Man kann auch durch Lob einsam werden.
Der Prediger gegen die Angst weiß wohl auch selbst davon,
daß es sich nicht lohnt, vor Priestern, vor Polizisten und vor
Panzern Angst zu haben. Als Theologe und als Therapeut
konnte er aber nicht ahnen, in welchem Umfang er einmal den

Trost seiner millionenfach vertriebenen Bücher selbst brauchen würde. Drewermann wollte immer selbstlos trösten und braucht inzwischen selbst Hilfe gegen subtile Angst.

Die Hauptlinien seiner theologischen Arbeit sind längst öffentlich zugänglich. Sie werden in diesem Sachbuch mit dem nötigen Vorbehalt nur kurz angedeutet in dem Versuch, Menschen zu helfen, die wohl interessiert sind, die jedoch theologische Fachliteratur dieses Umfangs schlecht selbst lesen können und wollen.

Theologie und Kirche haben dem unkonventionellen Theologen aus Paderborn bereits viel zu verdanken. Der Dialog zwischen *Tiefenpsychologie und Theologie*, zwischen *Seelsorge und Therapie* wurde von ihm konsequenz aufgenommen und nicht nur theoretisch entfaltet. Seine Beiträge zur *Auslegung der Bibel* in Rezeption vergessener Bilder, heilender Symbole und der über weite Strecken unterschätzten Religionsgeschichte wirken sich bereits bis auf die Kanzeln aus.

Die theologischen Arbeiten des Eugen Drewermann können nach einer Durststrecke des verweigerten Fachdialogs zu einem Vitaminstoß für eine müde Kirche werden. Das würde Kritik, Rückfrage und Akzentverlagerung nicht ausschließen. In diesem Buch möchte ich den Versuch unternehmen, in übersichtlicher Form Grundinformationen über ein Werk von mehreren tausend Seiten zu geben. Im Kapitel II »Im Getto der Angst« geht es um sein dreibändiges Frühwerk »Strukturen des Bösen«, in dem der Entwurf einer biblischen begründeten Lehre vom Menschen (Anthropologie) versucht wird. Kapitel III »Psychoanalyse und Moraltheologie« umreißt das Verhältnis von Seelsorge und Therapie als ein konstruktives Miteinander. Drewermann kann sich über weite Strecken nur schwer von diesem brisanten Thema trennen. Kapitel IV »Tiefenpsychologie und Exegese« folgt dem großen Wurf von 1500 Seiten als einer unverzichtbaren Voraussetzung für heute verstehbare Bibelexegese. Drewermann zeigt, warum die exegetische Theologie nicht bei der bewährten historisch-kritischen Auslegung stehenbleiben darf. Kapitel V erläutert die beiden Bände zum Markus-Evangelium als eine Fundgrube mit exegetischen Überraschungen. Seit April 1992 liegt auch der erste Band zum Matthäus-Evangelium vor. Kapitel VI widmet sich dem verdienstvollen, vielfach verkannten Buch »Kleriker«, das zweifellos zum Konflikt mit der Kirchenleitung beigetragen hat. Dieses ehrliche, befreiende Buch, aus kritischer Liebe zum Priesterberuf geschrieben, verdient eigene Beachtung. Es steht als eine analytische Leistung nahezu einmalig da. Das Pfarrer- und Priesterbild wurde in der Regel bisher meist seitenverkehrt als idealtypische Forderung oder als rauschender Erfolgsbericht über die Köpfe hinweggeschrieben. Drewermann kommt im »Psychogramm eines Ideals« der real existierenden Kirche schon verdächtig nahe. Dies mußte als angebliche Nestbeschmutzung auch gröberen Zeitgenossen auffallen.

Hinzu kommen seine gelungenen, vielfach aufgelegten Märchendeutungen in zehn Bänden. Seine mehr als 40 Bücher haben bei großer Themenvielfalt gemeinsame Grundanliegen und erkennbare gemeinsame Ziele, die Botschaft aus der jüdisch-christlichen Tradition für die Menschen aktuell neu verständlich, verstehbar und zugänglich zu machen. Das meistgefragte Buch Drewermanns wurde seine tiefenpsychologische Deutung des »Kleinen Prinzen«. Unter dem einprägsamen Stichwort »Das Wesentliche ist unsichtbar« wird zur Zeit die 15. Auflage vorbereitet.

Der Prediger, Therapeut, Redner und Schriftsteller blieb nun wirklich nicht ohne Echo. Seine Vorverurteilung aus Unkenntnis, wider besseres Wissen und aus kirchlich zelebrierter Lieblosigkeit muß tiefenpsychologisch auch mit Angst, mit Neid und mit Mißgunst zu tun haben. So viele Theologen, die wirklich verstanden werden, scheint es in einer derart ausgetrockneten, vielfach echolosen Kirche nicht zu geben.

Drewermann wollte auf seine Weise in den Grenzen seiner

Begabung dazu beitragen, daß Bilder, Symbole, Träume, Mythen, Legenden, Weissagungen und Märchen in der Exegese der Bibel wieder ihren gebührenden Platz bekommen. Eine Bereicherung des Umgangs mit Texten aus der jüdisch-christlichen Tradition deutete sich sofort an. Für bilderfeindliche, natur- und leibfeindliche Engführungen ergaben sich vielfach befreiende, neue Möglichkeiten. Konsequenzen bis hinein in einen barherzigeren Umgang mit Menschen, bis hinein in den kirchlichen Umgang mit Menschen zeigten sich. Die Nächstenliebe wurde primär als Bewährungsfeld der Gottesliebe verstanden. Der Umgang mit vielfach verdrängten Ängsten wurde spürbar erleichtert, während sonst die kirchliche Rede von Sünde und Schuld, von Gnade und Vergebung kaum noch verstanden wird.

Drewermann trifft – weit entfernt von New Age – mit seinen theologischen Versuchen in religiöse und in spirituelle Lücken und macht damit Defizite deutlich. Anders lassen sich das Echo auf seine teils schwer lesbaren Bücher, der Zulauf zu seinen Vorträgen und die überfüllten Gottesdienste nicht erklären. Was Menschen in den Kirchen vergeblich gesucht und meist nicht bekommen haben, das kann bei Begegnungen mit Eugen Drewermann auf einmal überraschend, ganz neu aufleuchten. Wer lernt, mit Angst offen umzugehen, der bekommt Mut zum Leben, Hilfe zum Leben, Sinn in drohender Sinnlosigkeit geschenkt. Da deutet sich eine sympathische, vitale Frömmigkeit an, die sich mit Verstand, mit Gefühl, mit Mündigkeit, mit Emanzipation und mit Eigenverantwortung gut verträgt. Spiritualität für modernes Leben, verbunden mit einer überzeugenden Naturmystik, meldet sich leise an. Neue Dialog-Chancen mit den Humanwissenschaften über die Theologie hinaus und auch für die ehrliche Auseinandersetzung mit den Religionen werden neu entdeckt und belebt. Menschen wachen auf zu eigenem frommen Selbstbewußtsein, zu eigener Lebensgestaltung unter dem Evangelium und zum aufrechten Gang. »Wir sind das Volk« könnte ja auch noch eine brauchbare Parole für das erwachende Kirchenvolk werden.

Es wird mitunter gefragt, ob ein Drewermann in den Kirchen der Reformation eher respektiert und akzeptiert worden wäre. Es gibt in ihnen schon Nuancen des Unterschieds im Umgang mit Toleranz, mit Freiheit, mit Gewissen und vielleicht auch im Umgang mit abweichenden Meinungen. »Von der Freiheit eines Christenmenschen« (Martin Luther) sind da und dort noch Spurenelemente spürbar. Kaum ein lutherischer Theologe müßte ein Lehrverfahren befürchten, wenn er die Jungfrauen-Geburt der Maria nicht historisch, medizinisch, gynäkologisch nachsprechen kann. Ein Kampf an dieser Front fände sicher kaum noch statt, obwohl über das heilende, unverzichtbare und äußerst wertvolle Bild der jungen Frau Maria ständig neu nachzudenken und zu meditieren sich lohnt.

Es könnte sein, daß es sich die Kritiker des Drewermann gerade an dieser Stelle zu leicht gemacht haben. Der Streit über diese unverzichtbaren Symbole muß ohnehin – mit oder ohne Papst – anders geführt werden als bisher. Das weiß auch Joseph Kardinal Ratzinger, der noch als Professor der Theologie 1968 fern von fundamentalistischer Angst geschrieben hat: »Die Gottessohnschaft Jesu beruht nach kirchlichem Glauben nicht darauf, daß Jesus keinen menschlichen Vater hatte; die Lehre vom Gottsein Jesu würde nicht angetastet, wenn Jesus aus einer normalen menschlichen Ehe hervorgegangen wäre. Denn die Gottessohnschaft, von der der Glaube spricht, ist kein biologisches, sondern ein ontologisches Faktum; kein Vorgang in der Zeit, sondern in Gottes Ewigkeit: Gott ist immer Vater, Sohn und Geist; die Empfängnis Jesu bedeutet nicht, daß ein neuer Gottessohn entsteht, sondern daß Gott als Sohn in dem Menschen Jesu das Geschöpf Mensch an sich zieht, so daß er selber Mensch ›ist‹« (Einführung in das Christentum, München 1968, S. 225). Es liegt die Vermutung nahe, daß manch eiliger Angriff auf Drewermann genau an dieser Stelle die Höhe der eigenen theologischen Tradition weit unterboten hat. Gegen diese evangelische Christologie Ratzingers dürfte Drewermann nichts einzuwenden haben. Was soll dann aber der Streit weit unter Niveau ausgerechnet an dieser Stelle?

Ein Teil des Streits um Drewermann liegt sicher da, daß Drewermann teils indirekt und sicher oft auch unbewußt Fragen des katholischen Martin Luther zeitversetzt neu gestellt hat. *Solus Christus – sola fide – sola gratia – sola scriptura* (= allein Christus – allein durch den Glauben – allein die Gnade – allein die Schrift) –, so fremd dürften diese lutherischen Grundregeln dem Paderborner letztlich nicht sein. Der Interpretationsrahmen der reformatorischen Freiheit muß auch hier weit angesetzt werden. Lutherisches Gedankengut können bestimmte katholische Kreise Drewermann aber gerade zum Vorwurf machen, da diese vielfach noch immer als fremd, gefährlich und destruktiv eingestuft werden. Jede »Protestantisierung« der römisch-katholischen Teilkirche gilt nicht nur in fundamentalistischem Umfeld als unerwünscht und subversiv; sie soll bis auf weiteres im Interesse des Kirchenvolkes im Keim erstickt werden. Wie ließe sich auch sonst die geradezu panische Angst vor ökumenischen Gottesdiensten und vor allem vor dem ökumenischen Abendmahl erklären?

Drewermann muß trotzdem bei seinem risikoreichen Weg in seiner geliebten »Mutter Kirche« bleiben, auch wenn er weiterhin von der lehramtlichen Kirche verkannt, gestoßen, getreten und verstoßen wird. Andere mögen sich analytische Gedanken machen, ob die libidinöse Bindung Drewermanns an seine geliebte Kirche schon naive oder gar krankhafte Züge trägt. Drewermann muß katholisch bleiben. Jede Tradition hat die Kritiker, die sie braucht und die sie letztlich verdient. Bei jedem kritisierten Punkt hat sich die Kirche gefälligst zu fragen, wo sie selbst Anlaß zu Kritik und Rückfrage gegeben hat. Anders kann es keinen konstruktiven Umgang mit dieser Kritik an der Kirche aus solidarischer Liebe geben. Ein wenig mehr kritische Selbstbesinnung in diesem unseligen Streit könnte der Kirche nicht schaden. Hier werden Menschen vor den Kopf gestoßen und soweit noch möglich aus der Kirche hinausgetrieben. Eine Kirche kann die Einladung zum Kirchenaustritt auch selbst betreiben. Dahin hat sie es im Streit mit Drewermann immerhin gebracht.

Die Kirche wird durch betriebsinterne Antiwerbung nicht unbedingt attraktiver. Soweit möglich, wird es noch kälter, ärmer, dunkler, leerer, liebloser und lebloser in ihr werden. Die Kirche als ein Raum von Barmherzigkeit, als ein Dach der Zuflucht, als ein Hort der Ruhe und als ein angstfreier Raum wird auch mit diesem furchtbaren Streit nicht zur Illusion werden. Reiner Kunze hat von seiner evangelischen Kirche in der ehemaligen DDR einmal sehr deutlich geschrieben. Er richtete »An Pfarrer W.« folgende Zeilen, die das Haus neben der Kirche meinen:

»Wer da bedrängt ist,
findet mauern, ein dach
und muß nicht beten«*.

Drewermann muß sich selbst treu bleiben, seinen schwierigen Weg mit aufrechtem Gang weitergehen. Martin Buber berichtet in den »Erzählungen der Chassidim« (1949, S. 838): »Das eigentliche Exil Israels in Ägypten war, daß sie es ertragen gelernt hatten.«

Diese brutale Regel dürfte für alle autoritären Systeme ihre Gültigkeit behalten.

* Reiner Kunze: zimmer-lautstärke, Frankfurt/Main 1977, S. 41

2. Dokumente zum verweigerten Dialog

(7. Oktober 1991)

D E K R E T

Der unterzeichnete Erzbischof Dr. Johannes Joachim Degenhardt in seiner Ei-
genschaft als Magnus Cancellarius der Theologischen Fakultät Paderborn

- unter Bezugnahme auf die Artikel 26 und 39 der Apostolischen Konstitution "Sapientia christiana", die die Aufgaben der Dozenten jedweden Grades
und gleich welcher Stufe festlegen,

- unter Beachtung von Artikel 23 derselben Konstitution, der die verschiedenen Stufungen von Dozenten und deren Rechtsstatus gemäß dem landesübli-
chen Hochschulrecht vorsieht, was in Artikel 24 der Statuten der Theologischen Fakultät Paderborn vom 28.7.1987 in bezug auf die Rechtsstellung eines Privatdozenten in Verbindung mit § 95 des Gesetzes über die wissenschaftlichen Hochschulen des Landes Nordrhein-Westfalen vom 2o.11.1979
(WissHG NRW) partikularrechtlich normiert worden ist,

- im Hinblick darauf, daß Artikel 21 Absatz 3 der genannten Statuten der
Theologischen Fakultät Paderborn ausdrücklich auf die Beachtung der Bestimmung von Artikel 22 §§ 2 und 3 der Durchführungsverordnungen zur Apostolischen Konstitution "Sapientia christiana" verweist, die an der Theologischen Fakultät nur für die "Mitglieder" des Lehrkörpers gelten, nicht aber
für die "Angehörigen" der Hochschule (vergleiche Artikel 5 - 7 der Statuten) und im Hinblick darauf, daß § 95 Absatz 6 letzter Satz WissHG NRW bestimmt, daß die Bezeichnung "Privatdozent" kein Dienstverhältnis begründet
und es deshalb Sache des Magnus Cancellarius ist, gegebenenfalls einem Privatdozenten die Lehrbefugnis zu entziehen,

- in Übereinstimmung mit Artikel 10 in Verbindung mit Artikel 24 Absatz 2
der zitierten Statuten der Theologischen Fakultät Paderborn, worin die Aufgaben und Zuständigkeiten des Magnus Cancellarius in bezug auf einen Privatdozenten geregelt sind, wobei die Bestimmungen von § 95 Absatz 7 in Verbindung mit § 54 Absatz 3 WissHG NRW beachtet werden,

e n t z i e h t

hiermit bis auf weiteres Herrn Dr. Eugen Drewermann die ihm am 23.2.1979
(Prot. Nr. G 807/79) gemäß § 10 Absatz 2 der Habilitationsordnung der
Theologischen Fakultät Paderborn erteilte Lehrbefugnis für das Fach
"Katholische Dogmatik".

Paderborn, den 7. Oktober 1991

Magnus Cancellarius der
Theologischen Fakultät Paderborn

Notar

Rechtsmittelbelehrung
Gegen dieses Dekret steht dem Betroffenen innerhalb einer ausschließenden
Nutzfrist von zehn Tagen nach rechtmäßiger Bekanntgabe das Rechtsmittel
der Verwaltungsbeschwerde zu.

9. Januar 1992
E 3/92

Herrn
Dr. Eugen Drewermann
aderwall 7
4790 Paderborn

Dekret

Hiermit entziehe ich Ihnen gemäß can. 764 CIC in Verbindung mit can. 760 CIC
ab sofort bis auf weiteres die Predigtbefugnis, die Ihnen am Tag Ihrer Priesterweihe von meinem Vorgänger erteilt wurde.

Die Gründe für den Entzug der Predigtbefugnis sind die in Ihren Interviews
seit Oktober 1991, besonders aber im SPIEGEL-Gespräch in "Der Spiegel" vom
23.12.1991 zum Ausdruck kommenden Abweichungen von der Glaubenslehre der katholischen Kirche über die Einsetzung der Sakramente, vor allem auch der
Eucharistie und des Priestertums durch Jesus Christus, über das katholische
Verständnis des Kreuzestodes Christi, über die Feier der Eucharistie und des
priesterlichen Dienstes, über die Geburt Jesu aus der Jungfrau Maria (Jung-
frauengeburt), über die Autorität der Kirche und der Bischöfe in Sachen des
Glaubens und der Sitten sowie erneut über die sittliche Beurteilung der Abtreibung durch das kirchliche Lehramt.

Gegen dieses Dekret können Sie Verwaltungsbeschwerde gemäß can. 1737 CIC ein-
legen. Voraussetzung dafür ist gemäß can. 1734 § 1 die schriftliche Beantra-
gung der Rücknahme oder Abänderung des Dekretes innerhalb einer ausschließenden Nutzfrist von 10 Tagen nach rechtmäßiger Bekanntgabe des Dekrets.

Erzbischof

Notar

Herrn
Dr. Eugen Drewermann
Paderwall 7

479) P a d e r b o r n

Sehr geehrter Herr Dr. Drewermann,

in Ihren Briefen vom 12. und 17. Januar 1992 wie auch in Ihren Äußerungen
in der Öffentlichkeit vertreten Sie die Ansicht, der Widerruf der Predigt
vollmacht durch Dekret vom 9. Januar 1992 verletze geltendes kirchliches
Recht, da die in can. 1720 CIC vorgeschriebenen Schritte für den Erlass e
nes außergerichtlichen Strafdekrets nicht eingehalten worden seien.

Ferner gehen Sie offensichtlich davon aus, Sie hätten bis zum 30. Januar
1992 Zeit zur Einlegung der Beschwerde gegen den Entzug der
Predigtvollmacht.

Darum gebe ich Ihnen dazu folgende Erläuterungen beziehungsweise Klarste
lungen:

1. Der Widerruf der Predigtvollmacht ist keine strafrechtliche Maßnahme,
auch wenn Sie das persönlich so empfinden.
Der Widerruf der Predigtvollmacht hat die Hörer der kirchlichen Verkündi
gung im Blick; sie sollen vor Verwirrung und Irreführung bewahrt werden.
Es obliegt der Verantwortung des Bischofs, den Dienst der Verkündigung z
leiten (can. 756 § 2 CIC) und dafür Sorge zu tragen, daß das Geheimnis
Christi, gestützt auf Schrift und Überlieferung, auf Liturgie, Lehramt u
Leben der Kirche, vollständig und getreu verkündet wird (can. 760 CIC).
Can. 764 CIC erwähnt ausdrücklich die Möglichkeit des zuständigen Ordina
us, die Predigtbefugnis einzuschränken oder zu entziehen.

Gegen den Entzug der Predigtbefugnis haben Sie - wie im Dekret mitgeteilt - das Rechtsmittel der Verwaltungsbeschwerde. Das heißt, Sie können an mich den Antrag auf Rücknahme oder Abänderung des Dekrets innerhalb von zehn Tagen, seit der Bekanntgabe am 11. Januar 1992, stellen. Adressat der Beschwerde ist danach die Kleruskongregation in Rom.

2. Gesondert vom Entzug der Predigtbefugnis habe ich Ihnen mit Schreiben vom 9. Januar 1992 mitgeteilt, daß ich mich aufgrund Ihres Verhaltens und Ihrer Äußerungen in der Öffentlichkeit seit Oktober 1991 verpflichtet sehe, gegen Sie mit den Mitteln des kirchlichen Strafrechts vorzugehen. Dabei mache ich Gebrauch von der Möglichkeit des außergerichtlichen Verfahrens nach can. 1720 CIC. Der CIC von 1983 hat bei diesem Verfahren, verglichen mit dem CIC von 1917, den Schutz und das Verteidigungsrecht des Beschuldigten verstärkt. Folgende Schritte sind darum einzuhalten:
- Der Ordinarius (Bischof) muß die Vorwürfe dem Beschuldigten mitteilen und ihm die Möglichkeit geben, sich zu verteidigen (can. 1720 Nr. 1 CIC).

- Der Ordinariaus (Bischof) muß dann die Vorwürfe, Beweise und die Verteidigung zusammen mit zwei Beisitzern sorgfältig abwägen (can. 1720 Nr. 2 CIC).

- Die Entscheidung muß wenigstens kurz die Gründe rechtlicher und tatsächlicher Art enthalten (can. 1720 Nr. 3 CIC).

An dieses Verfahren habe ich mich gehalten, indem ich Ihnen mit Schreiben vom 9. Januar 1992 die Schrift mit den Beschuldigungen habe überbringen lassen und Ihnen die Möglichkeit der Verteidigung gemäß can. 1720 Nr. 1 CIC bis zum 30. Januar 1992 gegeben habe.

Ich erwarte eine schriftliche Verteidigung auf die Beschuldigungen.

3. Ihr Vorwurf, auf der Pressekonferenz in Bonn am 17. Januar 1992 erhoben, es komme mir zum Beweis der Rechtmäßigkeit meines Vorgehens darauf an, zu behaupten, Sie hätten die Gesprächstermine abgelehnt, trifft also nicht zu. Der Entzug der Predigtbefugnis und das anhängige Verfahren gemäß can. 1720 CIC sind nicht identisch.

4. Schließlich entspricht auch Ihre Behauptung nicht den Tatsachen, Sie hätten aus sieben vorgeschlagenen Gesprächsterminen doch einen, der Ihnen am günstigsten auskam, ausgewählt.

Richtig ist:
Ich hatte Ihnen zuerst vier Termine gegeben, keinen haben Sie wahrgenommen.
Dennoch habe ich Ihnen dann nochmals drei Termine für den Januar 1992 gegeben und ausdrücklich hinzugefügt: "Das Gespräch (ist) in einer der von mir zur Wahl gestellten Weisen für mich unabdingbar." (Brief vom 29. November 1991). Den letzten Termin haben Sie weder verbindlich bestätigt, noch die von mir geforderte Zusammensetzung des Gesprächs akzeptiert.

Am Schluß muß ich Ihnen noch folgendes sagen:

Sie haben öffentlich kundgetan, daß Sie trotz des eindeutigen Schreibens des Herrn Generalvikars vom 15. Januar 1992 die Eucharistie in der Aula des Gymnasium Theodorianum feiern wollen. Sie verstoßen damit nicht nur gegen can. 932 § 1 CIC, sondern handeln auch dem priesterlichen Gehorsam zuwider, ganz abgesehen davon, daß Sie auch die Rechte des Ortspfarrers - hier der Marktkirchgemeinde - mißachten.

Mit freundlichen Grüßen

+ // Degenhardt

Erzbischof

Eugen Drewermann

Paderborn, 21.1.92

Sehr geehrter Herr Erzbischof,

so oft ich Ihren Brief vom 18.1. lese, frage ich
mich, was er eigentlich noch mit mir zu tun hat.
In allen Briefen vom November bis Januar hatte ich
versucht, im Gespräch mit Ihnen zu bleiben und zu
einem theologischen Gespräch mit Ihnen zurückzufinden.
Ich hatte Ihnen Fragen gestellt, Vorschläge gemacht,
Bitten geäußert und - freilich - immer wieder betont,
daß wir geistige Auseinandersetzungen, z.B. theologische, historische oder ethische Fragen, nicht mit
Disziplinarmaßnahmen "erledigen" könnten. Seit Beginn
des Jahres '92 ist für Sie offenbar nicht mehr nur
die Verweigerung theologischer Gespräche zur Grundlage
Ihres Vorgehens geworden, - selbst Ihre Briefe beschäftigen sich eigentlich nur noch mit der Rechtfertigung
Ihrer Verwaltungsmaßnahmen. Wenn ich ehrlich bin,
erscheint mir dies als das Ende dessen, was von mir
aus Ihnen zu sagen war; denn wie soll ich auf "Briefe"
"reagieren", die nichts weiter mehr sind als die
traurigen Dokumente eines administrativen Monologs?
Manchmal frage ich mich, ob der Besitz von Macht
notwendig derart einsam und verletzbar machen muß.
Das jedenfalls möchte ich Sie doch noch fragen: ob
Sie allen Ernstes glauben, promovierter Exeget, der
Sie sind, daß Jesus eine "Kirche" hat einsetzen wollen,
in der glaubende oder doch glaubensuchende Menschen
mit "außergerichtlichen Strafdekreten" oder "mit
den Mitteln des kirchlichen Strafrechts" gegen einander
glauben "vorgehen" zu müssen. Wie Sie wissen, glaube
ich nicht, daß Jesus historisch die katholische Meß-
feier eingesetzt hat; aber historisch gesichert scheint
mir zu sein, daß er die Beziehung zu Gott auf das
engste verbunden sah mit der Versöhnungsbereitschaft
untereinander. Anläßlich Ihres Überraschungsbesuches
im März 1991 sagten Sie beim Hinausgehen einmal recht
ehrlich als Ihr Empfinden, wir könnten 100 Stunden

miteinander reden, wir würden uns niemals einigen,
wir seien zu verschiedene Menschen. Für mich war
das eines der ganz wenigen stimmenden, menschlich
übereinstimmenden Worte, die ich in all den Jahren
aus Ihrem Munde oder, eher noch, aus Ihrer Feder
vernehmen durfte. Nur sehen Sie: ich habe nichts
gegen grundverschiedene Menschen, und ich muß mich
jeden Tag bemühen, Dinge zu verstehen, die mir eigentlich recht fremd sind. Ihnen gegenüber empfinde ich
z.B. weder Groll noch Abneigung, wenngleich Ihre
"Schriftstücke" mich inzwischen, gelinde gesagt,
auf die Palme bringen können. Ich sage mir aber:
dieser Degenhardt hat eine Art zu glauben, die ich
von vielen Menschen kenne und die gewiß vielen Menschen
hilft, die ich selber nur sehr schwer oder gar nicht
erreichen könnte: W. James spricht in Bezug auf diese
Haltung von einer Religiosität der robusten Denkungsart. Ich selber besitze diese Robustheit nicht, habe
sie nie besessen und will sie auch nicht haben; sie
ist eine menschliche Möglichkeit, die ich respektiere,
und so hätte ich auch mit Ihnen selber als Person
nicht die geringste Schwierigkeit, wenn, ja wenn
nicht Sie als Bischof, von Amts wegen, offiziell
sich gezwungen sähen, mich mit allem, was mir heilig
ist, aus der Gemeinschaft der Menschen, mit denen
ich mein Leben lang verbunden war, buchstäblich auf
dem Verwaltungswege auszuschließen. Ich nehme an,
daß Sie selber, als Person, längst bedauern und sich
sehr unwohl bei all dem fühlen, was Sie bisher schon
haben "verfügen" müssen und wohl noch werden "verfügen"
müssen, wenn es so weitergeht. Ich frage mich (und
wohl auch Sie), ob die Diskrepanz zwischen Person
und Amt wirklich so groß sein muß. Sie stehen seit
Jahren unter direktem römischen Druck, gewiß; aber
auch der Geheimsekretät von Herrn Ratzinger, der
Paderborner Priester Dr. J. Clemens, ist doch nicht
unfehlbar, - ich höre, Herr Ratzinger selber versucht gerade ihn loszuwerden. Warum war und ist es
nicht möglich, zu sagen: des Drewermanns Art mag sein, wie
sie will, sie hilft offensichtlich vielen Menschen,

die wir, als Kirche, anscheinend nicht mehr erreichen?
Sie mag in vielem korrektur- und ergänzungbedürftig
sein, aber sie kann doch nicht ganz falsch sein;
was menschlich hilfreich ist, kann ja vor Gott nicht
ganz verkehrt sein? Warum darf es in der Kirche
nur die Frömmigkeit der robusten Denkungsart geben,
wonach "wahr" und "wirklich" nur das ist, was man
"sehen" und "greifen" kann? Warum darf es nicht
auch die Menschen in der Kirche geben, denen die
"robuste"("zwangsneurotische") Art des Glaubens
eher quälend und hinderlich erscheint?

Das jedenfalls darf ich sagen: in den 25 Jahren,
da ich Priester der kath. Kirche bin (oder soll
ich schon sagen: war), habe ich mich bemüht, gerade
den Menschen nachzugehen, die mit der offiziellen
Religion schwer oder gar nicht zurecht kamen und
die, sehr oft ohne eigene Schuld (!), von dieser
Kirche ausgegrenzt und verworfen wurden. Es mag
sein, daß Sie all das für zu wenig "vollständig
und treu" im Sinne des "Geheimnisses Christi", gestützt auf Schrift und Überlieferung, auf Liturgie,
Lehramt und Leben der Kirche ... (can. 760 CIC)"
ansehen; aber sehen Sie denn nicht selber, daß es
mit dem Anliegen Jesu eine fast verzweifelte Ähnlich-
keit besitzt? Es mag ja sein, daß für Sie die Kirche
mit dem Tiber-Strom identisch ist, der die heilige
Stadt Rom bewässert; aber die Menschen in der Wüste
wollen gar nicht den ganzen Tiber-Strom, ein einziges
bißchen Wasser aus einem Blechkanister wäre für
sie vollkommen genug, und ob es aus dem Tiber oder
aus dem Nil oder dem Niger stammt, ist ihnen ziemlich
egal, wenn es nur Wasser ist - alles Wasser ist
einmal vom Himmel gekommen, und jeder menschliche
Körper besteht zu über 70 % aus Wasser, und alles
Leben dieser Erde erhält sich in dem Ringstrom eines
Austausches des aufsteigenden und niederströmenden
Wassers. Was Jesus wollte, war doch nicht etwas
Exklusives, sondern Universales - Menschlichkeit,

wo und wie immer sie sich realisieren und erfahren
läßt. Es war sein Bemühen um die Ausgegrenzten,
das ihn selbst zum Ausgegrenzten machte. Bis heute
sehe ich nicht, was ich im Rahmen einer Kirche,
die sich auf diesen Mann beruft, eigentlich falsch
mache. Wieviel Angst eigentlich ist nötig, um in
jedem, der sein Wasser aus dem Nil oder aus dem
Ganges trinkt, einen "Leugner" des Tibers zu machen.
...

Ich weiß, die Zeit ist vorüber, in der Sie sich
mit meinen Anliegen und Gedanken, wenigstens gezwun-
genermaßen, noch auseinander (oder zusammen-) setzen
würden. Nur anmerken möchte ich noch, daß mir das
"Rechtsbuch" der kath. Kirche weit fremder ist als
der Koran oder die Upanishaden; ich lese nicht darin,
und es scheint mir unmöglich, daß jemand, der das
Neue Testament verstanden hat, in den Verordnungen
dieses Buches nicht die vollkommene Mißachtung der
Bibel erkennen sollte; schlimmer: Wer in den Kategorien des einen Buches denkt, der ist völlig außerstande, die des anderen zu begreifen.

Deswegen muß ich Sie enttäuschen, wenn Sie "eine
schriftliche Verteidigung auf die Beschuldigungen"
"erwarten", die Sie zur Einleitung Ihrer Maßnahmen
"mit den Mitteln des kirchlichen Strafrechts" gegen
mich erhoben haben. Diese Ihre Maßnahmen sind ja
längst in Kraft, und sie werden, ich zweifle nicht,
sehr bald durch neue Maßnahmen "ergänzt" werden.
Die römische Kleruskongregation ist für mich völlig
unerheblich. Ich nehme an, daß ein Schriftstück,
wie das vom 18.1., auch von Ihnen, der Sie vor Ihrer
Bischofswahl längere Zeit in Rom verbracht haben,
nicht wohl geschrieben werden könnte; es wird von
dem neu berufenen Kirchenrechtler der Fakultät Dr.
Libero Gerosa aus Lugano stammen, der jetzt womöglich
in seinem ganzen Leben ein erstes und einziges Mal
die Freude genießen darf, daß seine wissenschaftlichen
Forschungen über den kirchlichen Umgang eines Bischofs
mit Dissidenten nicht ganz umsonst waren. Auch ihn

werde ich leider frustrieren müssen: er wird sein
großes Spiel in Rom nicht haben. Es waren Sie, Herr
Erzbischof, der selbst zu entscheiden alle die Zeit
vorgeben mußte und der nun ohne Rückversicherung
aus Rom wohl auch entscheiden muß. Sie mißverstehen
da, wie wohl auch sonst, das ganze Ausmaß meiner
"Häresie": Ich sage nicht, noch habe ich gesagt,
Sie brächen mit Ihren Maßnahmen und Dekreten geltendes Kirchenrecht; ich sage im Gegenteil, daß dieses
Kirchenrecht Ihnen Willkürmöglichkeiten bietet wie
einem absolutistischen Herrscher des 16. Jh.'s,
indem dieses Kirchenrecht die Entwicklung der Kultur
des Rechtswesen in der Neuzeit nicht mitgemacht
hat; und dann sage ich, daß Sie nicht anders denn
als ein absolutistischer Regent den Leuten und mir
selbst erscheinen müssen, wenn Sie die Möglichkeiten
dieses Rechtes "auszuschöpfen" gedenken. Die Menschen
im 20. Jh. akzeptieren eine Rechtordnung nicht länger
mehr als rechtens, wenn ein Erzbischof die Anklage
erhebt und zugleich das Urteil spricht und als Appella
tionsinstanz nur seine eigene auftraggebende Behörde
zuläßt. Es geht also wohl nicht anders: Sie werden
machen müssen, was Sie machen wollen, und hintendrein
werden Sie sogar wollen müssen, was Sie gemacht
haben. Es ist ein schwerer, langer Schatten, der
sich da über unsere Kirche legt, und er verdunkelt
die Gestalt Jesu sehr. Mehr als zu zeigen, bis wohin
dieser Schatten reicht, vermag ich wohl nicht mehr.

Nur soviel noch: Ich bin jetzt 51 Jahre alt. Ich
war, glaube ich 15 Jahre alt, als ich meinem Religi-
onslehrer ein buddhistisches Bild zeigte, auf dem
die Mutter des Prinzen Gautama den Buddha, stehend,
aus ihrer Seite gebiert: sie war Jungfrau in, vor
und nach der Geburt; das war 500 Jahre vor Christus;
Engelwesen umspielten den heiligen Hain von Lumbini,
und ein Weiser deutete die Zukunft des neugeborenen
Kindes. 35 Jahre lang habe ich jetzt damit zugebracht,
darüber zu diskutieren, wie und warum das

Christentum eine wahre Religion sein kann, wenn es erkennbar dieselben Erzählungen überliefert, die auch andere, z.T. ältere Religionen überliefern; ich glaube, daß die Person Jesu alle verfügbaren deutenden Bilder der Menschheit weit überstrahlt und in eine Wahrheit setzt, die sie so nie besessen haben; aber zu debattieren, ob die Jungfräulichkeit Mariens "wirklich" eine historische, biologische Tatsache war oder nicht, und dementsprechend bei allen anderen Glaubenslehren der Kirche - sehr geehrter Herr Erzbischof, damit, ich versichere Sie, werde ich die letzten 20 Jahre meines Lebens nicht mehr zubringen. Endgültig nicht mehr. Bislang bestand zwischen Bild und Wirklichkeit in den Ohren meiner Zuhörer kein Gegensatz, - so intensiv versuchte ich, Symbole als Einheit von Zeichen und Bezeichneten zu vermitteln. Erst jetzt, wo Sie mich einen Stifter von "Verwirrung und Irreführung" nennen, vor dem Sie in der "Obliegenheit der Verantwortung des Bischofs" nach can. 756 § 2 CIC die Gläubigen nach Maßgabe von can. 764 CIC schützen müssen, polarisiert sich alles zwischen Aberglaube und Unglaube, was ich gerade als Einheit von Historie und Glauben, von Rationalität und Mystik als notwendigerweise widersprüchliche Synthese vermitteln wollte.

Während ich dies schreibe, kommt es mir selber fast vor wie ein Abschiedsbrief. Ich werde jetzt, nach Schließung der kath. Kirchenräume für mich als Priester, Predigtgottesdienste außerhalb der Räume der kath. Kirche anbieten müssen - weiß Gott, es ist und war so nicht mein Wunsch. Falls Sie noch Möglichkeiten für die Rückkehr zu vernünftigen theologischen Gesprächen und damit zu einer fruchtbaren Verständigung sehen, sollten Sie diese Möglichkeiten umgehend mitteilen und ergreifen, denn jeder Tag dieses unseligen Streites ist für die Menschen, die in der Kirche leben, eine arge Belastung, weil ein belastendes unchristliches Ärgernis. Doch wenn Sie solche Möglichkeiten nicht mehr ergreifen möchten oder - nach all den Schritten Ihres "Vorgehens" - wirklich nicht mehr ergreifen können, so werden Sie gewiß Wege finden, mir mitzuteilen, was Sie nunmehr beschließen. In der Zwischenzeit tröstet mich der Psalm 73.
Alles Gute.

E. Drewermann

"Herr   Drewermann,   Sie   sind
nicht   allein.   Solidarität."

Jacques Gaillot

Römisch-katholischer Bischof
von Evreux/Frankreich
im Januar 1992

II.
Glauben und Denken im Werk des Eugen Drewermann

1. Im Getto der Angst

»Strukturen des Bösen« – drei Bände zur jahwistischen Urgeschichte seit 1977 verlegt –, dieses umfangreiche Frühwerk des
Theologen Eugen Drewermann aus dem Bereich der theologischen Anthropologie diente auch zur Promotion in der katholischen Theologie, zugleich wurde es als Habilitations-
schrift 1978 von der Universität Paderborn angenommen.
An den Anfang dieser drei Bände stellte Drewermann ein Zitat des französischen Schriftstellers Georg Bernanos aus dem
»Tagebuch eines Landpfarrers« (S. 247f., Frankfurt/Main
1956), das in seiner strengen Glaubensauffassung an die refor-
matorische Theologie eines Martin Luther erinnert: »Nach
dem Sündenfall ist die Lage des Menschen derart, daß er in
sich wie außerhalb von sich alles nur in der Gestalt von Angst
wahrzunehmen vermag… Wäre nicht Gottes wachsames Erbarmen, würde der Mensch, wie mir scheint, beim ersten Bewußtsein seiner selbst in Staub zerfallen.« Die Frage nach
dem gnädigen, erbarmenden Gott muß heute zuerst im Zusammenhang mit Angst erörtert werden. Rechtfertigung
allein durch den Glauben, durch Vertrauen auf eine aufrich-
tende, gerechtmachende Kraft verbindet den Theologen aus
Paderborn unterschwellig auch mit Martin Luther. Bernanos
definiert die Hölle auf eigene Art: »Die Hölle ist das Nicht-
mehrlieben« (S. 215). Drewermann hält dann in gut reforma-
torischer Sprache fest: »Leben gibt es nur im Glauben«
(*Strukturen III*, S. XLI).
Das umfangreiche Werk des Theologen und Psychoanalyti-
kers Drewermann entzieht sich schon wegen der speziellen
Thematik und wegen der auffallenden Ausführlichkeit der
üblichen Kurzbesprechung. Bereits 1976 hat der 1940 geborene Theologe sein erstes, großes theologisches Werk »Struk-

turen des Bösen« (Band I) herausgebracht, dem noch zwei weitere Bände 1977 und 1978 folgten. Diese umfangreichen Arbeiten zur Exegese von Genesis 2–11 zur jahwistischen Urgeschichte wurden zu einem grundlegenden Werk einer theologisch-exegetischen wie philosophisch-psychoanalytischen Deutung biblischer Anthropologie. Drewermanns Ansatz bei einer Lehre vom Menschen – in der Hebräischen Bibel, im Alten Testament – dürfte die Arbeit seiner Kritiker nicht gerade erleichtert haben. Dieser eigenwillige Entwurf in der anspruchsvollen Exegese von nur zehn Kapiteln des ersten Buches Mose dürfte nicht zufällig erfolgt sein. Die großen Arbeiten Drewermanns neueren Datums dürften genau hier ihre Grundlegung erfahren haben. Es fällt auf, daß sich die offizielle römisch-katholische Kirche positiv um die drei Bände »Strukturen des Bösen« bemüht hat. Alle drei Bücher tragen überraschenderweise ein kirchenamtliches Gütesiegel als Imprimatur (= »es möge / es darf gedruckt werden«) des Generalvikars von Paderborn, Bruno Kreising.

Der Verlag Ferdinand Schöningh in der westfälischen Bischofsstadt hat sich um das Grundwerk des originellen Theologen mehrfach verdient gemacht. 1988 kamen die drei Bände mit insgesamt 1749 Seiten als Taschenbuch-Kassette neu auf den Markt, die bei einem bescheidenen Preis auch für Studenten und für interessierte Laien zugänglich wurde. Auflagenentwicklung und Absatz der Bücher von Drewermann fallen inzwischen auch in dieser Aufmachung auf.*

Der Verlag hat mit dieser beachtenswerten Neuausgabe auf

---

* Band I: »Strukturen des Bösen. Die jahwistische Urgeschichte in exegetischer Sicht«, 1988, 413 Seiten. Diese Ausgabe ist textidentisch mit der 6. Auflage aus dem Jahr 1987.
Band II: »Strukturen des Bösen. Die jahwistische Urgeschichte in psychoanalytischer Sicht«, 1988, 680 Seiten. Diese Edition ist textidentisch mit der 5. Auflage von 1985.
Band III: »Strukturen des Bösen. Die jahwistische Urgeschichte

die jeweils neueste Auflage zurückgegriffen. Der gründliche Leser hat auf diese Weise den Vorteil, Kritik, Korrekturen und Überarbeitungen mitzubekommen. Auch der Vergleich der Vorworte zu den verschiedenen Auflagen erweist sich als aufschlußreich in der Reaktion auf Kritik und auf Einwände.

Die Qualität theologischer Aussagen kann heute generell an dem zugrundeliegenden Menschenbild abgelesen werden. Drewermann tat gut daran, exakt bei der Anthropologie sein umfangreiches Werk beginnen zu lassen. Weichenstellungen für die gesamte theologische Aussage erfolgten genau an dieser Stelle. Wer das erste Buch der Bibel nur flüchtig kennt, wird sich schon wundern, daß man hier fast 1800 Seiten schreiben kann in exegetischer, psychoanalytischer und philosophischer Deutung von nur zehn biblischen Kapiteln. Drewermann geht langsam voran in der Deutung der alttestamentlichen mythischen Erzählungen, der Bilder zwischen Paradies und Turmbau. Die einzelnen Kapitel werden unter einem deutlich erkennbaren Schlüssel gründlich bearbeitet. Es geht um die alttestamentlichen Kapitel: das Paradies, der Sündenfall, Kains Brudermord, Kains Nachkommen, die Sintflut, Noahs Erzählung, Gottes Bund mit Noah, Zerspaltung der Völker und der Turmbau zu Babel.

Eine Würdigung des anthropologischen Hauptwerks Drewermanns aus Anlaß der gelungenen dreibändigen Neuausgabe bei Schöningh muß sich nicht wie eine Erstrezension gebärden. Dafür liegt die erst Publikation schon zu weit zurück. Die neue Kassette soll bereits Bekanntes in Erinnerung rufen, eine Verknüpfung mit der theologischen Diskussion in der Gegenwart versuchen und weitere Leser für den bemerkens- und lesenswerten Theologen aus Paderborn gewinnen. Die Verbreitung der Bücher Drewermanns, die mitunter

in philosophischer Sicht«, 6. Auflage 1989, 656 Seiten. Diese Ausgabe ist textidentisch mit der 5. Auflage aus dem Jahr 1986.

selbst seine Verleger und den Autor überrascht haben dürfte, macht eine Beschäftigung mit diesen Denkanstößen über die speziellen Fachkreise hinaus notwendig. Dabei ist es jetzt nicht erforderlich, den Einzelbeiträgen dieser drei Bände im Detail nachzugehen. In drei Betrachtungsweisen – Exegese, Psychoanalyse und Philosophie – bringt das vorliegende Werk eine Fülle von Material, Andeutungen, Zitaten, Gedanken, Erklärungen und Querverweisen. Hinzu kommt der Reichtum religionsgeschichtlicher Vergleiche und Parallelen, ohne den Drewermann gar nicht an die Arbeit geht. Die alten anthropologischen Aussagen der Bibel beginnen neu zu reden, wenn man von vergleichbaren Mitteilungen anderer Religionen hört, wenn man registriert, daß manche Motive im Mythos rund um den Erdball vertreten sind. Drewermann zeigt auch hier, daß der qualifizierte Dialog zwischen den Religionen für das Christentum unverzichtbar und lehrreich zugleich geblieben ist. Die Treue zum biblischen Text schließt nicht aus, daß das Christentum auch von anderen Religionen lernen kann und lernen muß. In einem fairen, offenen und zunächst gleichberechtigten Dialog der Religionen werden alle voneinander lernen. Drewermann scheut sich nicht, bei seiner Deutung des Jahwisten immer wieder auf Parallelen in benachbarte Religionen – bis hin zu Naturreligionen und zum Animismus – aufmerksam zu machen. Gedanken Karl Rahners zur Präsenz des Jesus Christus in den Hochreligionen scheinen durch.

Der Jahwist als theologisches und als psychologisches Genie kommt gerade in Band I zur Geltung. Die alttestamentliche Wissenschaft früherer Generationen hilft zum Verständnis. Zitate aus Martin Buber, Wilhelm Gesenius, Hermann Gunkel, Martin Noth, Gerhard von Rad und Claus Westermann deuten das an. Drewermann versucht, über die vorliegenden Deutungsansätze der jahwistischen Urgeschichte hinauszugehen. Das große produktive Rätsel des Sündenfalls in Tragik und Verantwortung der Schuld wird auf einer Grenzlinie zwischen Theologie und Psychoanalyse entfaltet. »Jenseits von Eden« sieht der Mensch nicht mehr so attraktiv aus.

Die Darstellung der Sünde als eine Form von Krankheit, als Neurose, wirkt zunächst etwas fremd, zumal der Begriff der Geisteskrankheit auf den ersten Blick zu stören scheint. Die Gnadenlosigkeit einer Welt ohne Gott böte genügend Erläuterung und Anschauungsmaterial, wie Angst den Menschen krank, kaputt und böse macht. Neurose würde zu einem plastischen Bild von Sünde. Sören Kierkegaards »Krankheit zum Tod« (1849) und »Der Begriff Angst« (1844) bekämen neue Aktualität und Anschaulichkeit. Der biblische Jahwist begann mit der Darstellung der oralen Sünde des verbotenen Essens, entwickelt ein Bild der bösen Verstrickungen und endet bei weiteren oralen Folgen in Verwirrung der Sprache (*Strukturen I*, S. 279).

Im Getto gnadenloser Angst hat der gefallene Mensch sein Dasein zu gestalten. Er handelt im eigenen Entschluß und wird unfrei als gejagtes Opfer der Angst. Der Mensch ist Staub und wird wieder zu Staub, gejagt von Staub zu Staub. Im Paradies der ursprünglichen Ordnung hatte er es gut: Er hatte genügend Zeit, er bekam aufbauende Liebe und notwendige Zuwendung. Drewermann nimmt sich vor, die Angst in allen Verästelungen und Konsequenzen darzustellen. Am Ende des ersten Bandes steht dann der deutliche Ausruf des Leidens: »O gäbe Gott, die Angst zu lindern« (*Strukturen I*, S. 389).

Der Versuch, wie Gott sein zu wollen, war dem Menschen letztlich schlecht bekommen. Der Jahwist beschreibt schonungslos, wie der Mensch sich erfährt als das, was er ohne Gott ist: Fluch, Flucht und Strafe nehmen Gestalt an. Dabei wird Sünde gerade nicht in Kategorien des moralischen, statistischen Tatbestandes erklärbar. Das Fehlverhalten des Menschen wird den moralischen Bewertungen entzogen. Sünde wird als Beziehungskrankheit auch in sozialen Dimensionen entfaltet. Die Perspektive der Schuld wird dabei nicht unter-

43

belichtet. Der ängstlichen Auflehnung gegen Gott folgen Aggressionen gegen den Mitmenschen und zuletzt gegen sich selbst: »Dem Segen Gottes folgt der Mord des Menschen« (*Strukturen I*, S. 133). Frei von der Illusion des guten Menschen werden hier anthropologische Grundstrukturen gewonnen, die den Menschen in seiner Urkrankheit erkennbar machen. Der Mensch bleibt Kain.

Strukturen des Bösen werden sichtbar, wenn sich zeigt, daß der Mensch nicht gut sein kann, solange ihn die Angst steuert. Der Jahwist erklärt bereits, daß erst der Glaube in Liebe und Vertrauen die Angst beruhigen kann. Bei allen negativen Belastungen aus neurotischer Angst bleibt das Leben unter dem schützenden Vorbehalt Eigentum Jahwes. Es deuten sich Mitverantwortung und Mitleiden an: Jahwe leidet an seiner guten Schöpfung, er bereut partiell seine Schöpfung, er leidet zuletzt am Menschen: »Da reute es ihn, daß er die Menschen gemacht hatte auf Erden, und es bekümmerte ihn in seinem Herzen« (Gen. 6,6).

Drewermann, der im exegetischen Detail und im religionsgeschichtlichen Querverweis vielfach überrascht, rundet den exegetischen Teil in Band I versöhnlich ab. Perspektiven werden deutlich, wie sich gegen Schuld und Fluch die Überwindung der Angst durchsetzen wird. Therapeutische Linien deuten sich an, wenn von Geborgenheit »in Gott«, »im Ring der Welt«, »im Ring der Zeit« und »im Ring der Liebe« die Rede ist.

In psychoanalytischer Sicht

Band II zur Deutung der jahwistischen Urgeschichte dürfte über die Theologie hinaus überzeugen. Die Psychoanalyse drängt sich nach den Vorarbeiten zur Mythosdeutung geradezu auf. Die Kapitel Genesis 2 bis 11 werden als Einheit behandelt. Die unbewußte Psychologie in der Quelle des Jahwisten wird einladend und verständlich entfaltet. Der Jahwist konnte nicht wissen, was er tiefenpsychologisch in diesen Texten versteckt angelegt hat. Es wirkt mitunter so, als hätten diese biblischen Texte nur auf den modernen Ausleger gewartet, dem das reiche Handwerkszeug aus der Exegese, aus der Psychoanalyse, aus der Religionsgeschichte und aus der Philosophie zugleich zur Hand ist. Drewermann läßt sich auf seinem Weg einer eigenständigen Exegese hier nicht beirren. Vorwürfe der Vermischung der Disziplinen bis hin zum angeblich Psychologismus in der Auslegung des Alten Testaments treffen ihn nicht. Drewermann muß konsequent bleiben, weil es auch um die Frage geht, ob es der Kirche einmal gelingen könnte, den ganzen Menschen anzusprechen, sein Leben, seine ganze Seele zu berühren. Die vorliegende Exegese geht hier einen guten Weg, weil der Jahwist ohnehin einen ganzheitlichen Zugang intendiert hat.

Man folgt dieser analytischen Exegese gern. Die bekannten Stufen der Psychoanalyse lassen sich erkennen: Oralität (Genesis 3), Analität (Genesis 4) und Genitalität (Genesis 6). Drewermann geht auch so einen eigenen Weg einer Deutung des Jahwisten, wenn er den einzelnen Kapiteln der Genesis Formen der Neurose zuordnet. Da bekommen Schizoidie, Schizophrenie, Depression und Melancholie ihren biblischen Platz. Zwangsneurose (Genesis 4,1–16) und Hysterie (Genesis 4,23 f.) werden überzeugend eingeordnet. Die Angst wird gerade im Band II erneut in ihrer zerstörerischen, destruktiven Kraft entfaltet. Drewermann vermeidet dabei Wiederholungen und unterscheidet zum besseren Verständnis fünf Richtungen der Angst: Schuldangst, Verarmungs- und Verhungerungsangst, hypochondrische Angst, Segretationsangst und die Angst der Ausweglosigkeit. Im Hintergrund steht Genesis 3 (Der Sündenfall), wobei die Einzelexegese wieder schnell einleuchtet.

Diese Auslegung auf dem Hintergrund der modernen Psychoanalyse entfaltet den tödlichen Kreislauf zwischen Schuld und Angst in wachsender Unfreiheit und erkennbarer

Unmöglichkeit der Selbstheilung. Am Rand werden ein wenig überraschend Perversionen exegetisch zugeordnet wie Kanibalismus, Mord und Inzest. Man staunt auch als Theologe und Bibelleser, was biblische Texte unter einer so strengen Befragung alles hergeben. Die Darstellung ist ausführlich, aber an einigen Stellen würde man dann gern noch mehr lesen. Der Leser muß in Kauf nehmen, daß brisante Zusammenhänge zwischen Medizin und Religion mitunter nur vorsichtig angedeutet werden. Die Überleitung von der Hebräischen Bibel zu fast 2000 Jahren Naturfeindschaft des Christentums hätte schon neugierig gemacht. Hier deutet Drewermann nur an und verweist auf Spezialarbeiten zum Thema, die der interessierte Leser schon finden kann. Gut lesen sich auch die analytischen Exkurse am Rande zu Alexander dem Großen und zu Adolf Hitler.

Drewermann läßt keinen Zweifel aufkommen: Der Jahwist hat unbewußt nach psychoanalytischen Mustern geschrieben. Nebenher wird deutlich, welche große Bedeutung die Religion als Vermittlerin zum Unterbewußtsein generell hat. Es macht dabei nichts aus, daß der Jahwist unbewußt zum Unterbewußten vermittelt hat. Man ahnt hier etwas davon, daß die Unterdrückung und Ausblendung von Religion den Menschen auf Dauer fertig und krank machen muß. Drewermann hat mehrfach geäußert, daß er mit Grauen an eine Bildungs- und Kulturstufe denkt, in der Menschen keinen Zugang mehr zur Religion haben.

Die Sünde als Unmenschlichkeit hat ihre eigene Krankheitsgeschichte. Schlimmer hätte sich der Mensch nicht ruinieren können. Neurosen, Psychosen, Perversionen, Lebensverletzungen und Daseinsverstümmelungen finden ihren Niederschlag in der Vernichtung des Menschen im Entwurf eines Lebens gegen Gott, ohne Gott. Drewermann bleibt bei einem realistischen Menschenbild, in dem gilt, daß der ruinierte Mensch in Angst gar nicht gut sein kann, »ehe er nicht die Angst seiner Seele im Glauben beruhigt hat« (*Strukturen II,*

S. XXXII). Die Selbsterlösung und ebenso die Selbstrechtfertigung bleiben ausgeschlossen. Das Heil in Christus wird als letzte Stufe des Deutungszusammenhangs angesprochen. Die realistische Sicht des Menschen unter der Angst hat nur diesen einen Ausweg erlaubt. Es bliebe sonst schlecht bestellt um den in seiner Substanz bedrohten und gefährdeten Menschen. Im Zusammenhang mit dem Turmbau von Babel spricht Drewermann im Blick auf den realen Menschen, »der aus Ekel vor sich selbst, ständig in den Raum der eigenen Größe ausweicht, bis daß er unter der Last der eigenen Selbstüberforderungen zusammenbricht« (*Strukturen II*, S. 535).

Band II enthält Herausforderungen und Provokationen eigener Art. Man wundert sich, daß Theologen und speziell Psychologen noch relativ selten Kritik und Erwiderung zu diesen Provokationen gebracht haben. Immerhin gibt es die Differenzierung bei Kritikern, die den heutigen Drewermann angreifen, daß man die »Strukturen des Bösen« bei allen Angriffen auf neuere Werke gelten läßt. In Band II hätte auch die Rezeption von Sigmund Freud und von Carl Gustav Jung eine kritische theologische Würdigung verdient. Hier könnten sich an einigen Stellen auch Fragen an den Psychoanalytiker Drewermann ergeben. Der Dialog zwischen Theologie und Tiefenpsychologie bleibt entfaltungsfähig. Eher naiv und dumm kommt auch hier der Vorwurf daher, Drewermann würde nur psychologisieren, die Theologie in Psychologie auflösen. Dagegen wäre seine Freud-Rezeption aus einem weiteren Grund positiv zu würdigen. Drewermann hat indirekt eine provokative Frage Freuds an die Kirchen aufgenommen: »Ganz nebenbei, warum hat keiner von all den Frommen die Psychoanalyse geschaffen, warum mußte man da auf einen ganz gottlosen Juden warten?«, so schrieb Freud am 9. Oktober 1918 an seinen theologischen Freund Oskar Pfister. (Zitiert in Peter Gay: »Ein gottloser Jude«, Frankfurt/Main 1988, Seite 8).

Im abschließenden Band III erfolgt nach Exegese und Psychoanalyse der Versuch, die jahwistische Urgeschichte in philosophischer Sicht modern zu deuten. Auswahl und Akzente der philosophischen Deutung fallen wiederum auf: Immanuel Kant, Georg Wilhelm Friedrich Hegel, Jean Paul Sartre und der geliebte Sören Kierkegaard. Die Absicht des mühsamen Unternehmens beschreibt der Autor so: »Jenseits der Psychoanalyse wollen wir die Philosophie und Theologie als ein analytisches Organ zum Verständnis der geistigen Erkrankung eines Menschseins ohne Gott benutzen, bis wir im Kern der menschlichen Selbstverfehlungen immer wieder die Abwesenheit Gottes infolge der Urangst des Daseins nachgewiesen haben und bis wir in Wechselwirkung dazu die totale Überschwemmung des menschlichen Lebens mit Angst außerhalb der Einheit mit Gott und die sich daraus ergebenden notwendigen Verformungen des Daseins aufgezeigt haben« (*Strukturen III*, S. XXXI). Atheismus könnte damit in die Nähe einer Art von Geisteskrankheit rücken.

Über die psychoanalytische Deutung hinaus werden im philosophischen Teil weitere Aspekte des Bösen in Relation zu Freiheit und Verantwortung entfaltet. Drewermann geht es dabei um den Nachweis, daß ein geordnetes Verhältnis zur Freiheit, zu sich selbst und zu anderen Menschen erst im Glauben an Gott entstehen kann. Nur der Glaube kennt die Angst, die permanent böse macht. Auf dem Weg dorthin interessiert gerade das atheistische Denken der Existenzphilosophie in der Analyse des Menschseins in radikaler Gnadenlosigkeit. Drewermann macht es dabei auch nichts aus, den biblischen Bericht vom Sündenfall als Schlüsseltext zum Verständnis des gesamten Christentums zu nehmen.

Die Kritik vieler Philosophen wird berücksichtigt: »Das Dogma der Erbsünde sei so recht dazu angetan, den Menschen zu verteufeln und ihn in neurotischen, vor allem sexuell bedingten Schuld- und Strafängsten gefangen zu halten und seine Abhängigkeit zum Zwecke klerikaler Machtentfaltung auszubeuten« (*Strukturen III*, S. LXXIV). Im gleichen Zusammenhang wiederholt Drewermann den wichtigen Hinweis aus der Exegese der Genesis, daß der Text vom Sündenfall nicht als historischer Bericht verstanden werden kann. Der sicherste Weg der Mißhandlung und Verfehlung biblischer Texte wird in einem naiven, fundamental-historischen Ansatz gesehen: »Es geht nicht um die Tat eines fremden ›Adam‹, sondern um mein eigenes Dasein. Der ›Sündenfall‹ wird nicht als fernes zurückliegendes Ereignis verstanden, sondern als eine Darstellung der Art und Weise ausgelegt, wie der Mensch lebt und leben muß, ehe er zum Glauben an Gott zurückgefunden hat« (*Strukturen III*, S. LXXIV). Diese Beobachtung ist dem Autor wichtig, weil andernfalls die biblischen Texte zum antiquierten Fremdkörper, zum Ballast mit gewissem musealen Wert, zur Bedeutungslosigkeit herabgestuft werden.

Es gibt gerade für den Theologen Grenzen der philosophischen Erklärung des Sündenfalls. Die Spannung zwischen Freiheit und Schuld konnte auch die Kantische Philosophie nicht lösen. Die Nähe von Freiheit zur Schuld ließ bei Hegel einige Fragen offen. Die Kritik an Sartre stößt sich daran, daß in diesem philosophischen System Freiheit und Abfall zu nahe zusammenrücken. Das kritische Gespräch mit der Philosophie über Schuld, Freiheit und Notwendigkeit verlangt vom Leser einige Vorkenntnisse, da sonst das Lesen des dritten Bandes etwas mühsam werden könnte. Nur Kierkegaard wird von kritischen Rückfragen weitgehend freigehalten, weil er in das Deutungsmuster dieser drei Bücher optimal zu passen scheint.

Die »Strukturen des Bösen« werden auf dem Buchmarkt bleiben. Wem an fundamental-theologischen Klärungen gerade zur Anthropologie liegt, wird gerne zu dieser anspruchsvollen Literatur greifen. Es spricht für diese drei Bücher, daß sie ihre Leser finden, so daß immer wieder neue Auflagen notwendig sind. Die drei Bände »Strukturen des Bösen« gehörten trotzdem nicht zur leichten Lektüre. Selbst von Drewermann gibt es Bücher, die sich besser und leichter lesen lassen. Wer aber tiefer in das Denken des Theologen aus Paderborn eindringen will, wer sich über ein paar Klischees hinaus ein fundiertes Urteil machen will, der kann diese anthropologische Grundlegung keinesfalls übergehen oder auch nur diagonal lesen. Selbst entschiedene Drewermann-Gegner nehmen dieses Anfangswerk gerne aus den inzwischen opportunen kritischen Vorwürfen und Zurechtweisungen heraus.

Kommt bei diesen Bänden noch hinzu, daß im Unterschied zu den neueren Büchern Eugen Drewermanns hier noch ausführliche Register erarbeitet worden sind. Der Zugang wird durch mehrere parallele Register schon erleichtert. Zitierte Literatur, Autorenregister, Namen aus Geographie, Mythologie und Dichtung, Sachregister sowie ein Bibelstellen-Verzeichnis. Wer sich gründlich mit Drewermann befaßt, vermißt solche Lesehilfen bei den späteren Büchern.

2. »Psychoanalyse und Moraltheologie«

Die zweite größere Bücherfolge im wissenschaftlichen Leben des Eugen Drewermann aus den Jahren 1982 bis 1984 umgreift ebenfalls drei Bände. Die Bücher unter dem Oberthema »Psychoanalyse und Moraltheologie« umfassen nur 800 Seiten. Damals gerieten seine Werke noch nicht so umfangreich wie Ende der achtziger und zu Beginn der neunziger Jahre. Die Unterthemen verraten die Schwerpunkte aus diesem Versuch eines Dialogs zwischen Theologie und Psychoanalyse: Band 1 »Angst und Schuld«, Band 2 »Wege und Umwege der Liebe«, Band 3 »An den Grenzen des Lebens«. Die bewußt ethische Ausrichtung dieser drei kleineren, noch leichter lesbaren Bücher läßt sich erkennen an dem gemeinsamen Oberbegriff ›Moraltheologie‹. Einige Beiträge stammen aus früherer Zeit, aus Aufsätzen oder aus Vorträgen, die hier geordnet zusammengefügt wurden. Drewermann blieb die produktive, dialogfähige Zusammenordnung von Psychoanalyse und Theologie konsequent wichtig. Es könnte sogar sein, daß in diesem Zyklus das heimliche Hauptthema seines Denkens ebenfalls erkennbar geblieben ist. Band 1 hat immerhin in Unterüberschrift »Angst und Schuld«. Hält man sich die Bedeutung des Themas Angst vor Augen im Denken dieser verstehbar schreibenden Theologen, so dürften auch in diesem Buch Grunddaten seines Verstehen von Theologie und Anthropologie in der Gegenwart zu finden sein. Leser und Leserinnen tun gut daran, für diese 200 Seiten ebenfalls etwas mehr Zeit vorzusehen. Da die Auseinandersetzung mit der Angst das Gesamtwerk Eugen Drewermanns durchzieht, werden hier Weichen gestellt für das Grundverständnis. Freilich kommt das Thema Angst in vielen anderen Zusammenhängen zur Sprache, doch übergehen darf der Interessierte dieses Einzelteil eines großen Puzzles nicht.*

Kahlil Gibran (1883 bis 1931), der aus dem Libanon stammende und vom Islam zum Christentum konvertierte Schriftsteller, wird auch hier zum Auftakt zitiert: »Ich wurde zum zweiten Male geboren, als meine Seele und mein Körper einander liebten und sich vermählten« (»Sand und Schaum«, S. 8). Drei gefährliche falsche Weichenstellungen sollten hier grundsätzlich herausgearbeitet und für kommende Veröffentlichungen festgelegt werden. Den Konflikt zwischen Tiefenpsychologie und Theologie sieht Drewermann als höchst gefährlich und explosiv an. Die Zeit, in der die Bücher eines Sigmund Freud auf den kirchlichen Index der verbotenen Bücher zu stehen kamen, möge einer entfernten, überwundenen Vergangenheit angehören. Es geht Drewermann um

- die Fremdheit der Theologie gegenüber dem Unbewußten der menschlichen Seele,
- die rationale Einseitigkeit der abendländischen Religiosität,
- eine erkennbare Verselbständigung der christlichen Ethik gegenüber der Glaubenslehre, das heißt um ein neues Verhältnis von Moral und Dogmatik.

---

* Eugen Drewermann: »Psychoanalyse und Moraltheologie«, Band 1: »Angst und Schuld«, 1982 im Matthias-Grünewald-Verlag, Mainz, 10. Auflage 1991, 205 Seiten;
Band 2: »Wege und Umwege der Liebe«, 1983, 8. ergänzte Auflage 1991, 313 Seiten;
Band 3: »An den Grenzen des Lebens«, 1984, 4. Auflage 1990, 280 Seiten.

Drewermann geht es um eine Heimholung der Psychoanalyse in den theologischen und in den ethischen Bereich. Die Unterstellung, die Psychoanalyse habe auf dem Weg des Menschen zu sich selbst und zum aufrechten Gang so gut wie alles verdorben, weist Drewermann Schritt für Schritt überzeugend zurück. Diese Bewegung verbindet sich mit einem Angriff auf »die Verstandeseinseitigkeit der Theologie«, die in Anlehnung an Sören Kierkegaard, an die Romantik und an die Mystik erfolgen muß. In den jüngeren Werken des Querdenkers aus Paderborn kommt diese theologische Sonderthematik noch breiter zu Wort. Rückbezüge auf die »Strukturen des Bösen« wurden unvermeidlich, weil hier die Zusammenhänge zwischen Angst und Schuld, zwischen Sünde und Neurose beleuchtet werden sollten. Drewermanns Hauptthema Angst zieht sich bei genauem Hinsehen durch alle seine Bücher. Als ein theologischer Cantus firmus mit der Frage nach der Überwindung von Angst durch Vertrauen durchzieht dieser Trend das theologische Werk eines Theologen, der überraschenderweise hierbei von vielen Zeitgenossen verstanden wird. Dieser Prediger gegen die Angst verschafft sich Gehör weit über theologische und kirchliche Kreise hinaus. Während sonst die Predigt der Kirche mit moralischen Forderungen, mit Entmutigung des Menschen über Sünde und Schuld kaum noch Gehör findet jenseits kleiner, zunehmend vergreister Kerngemeinden, wird Drewermann in seinem Kampf gegen die Angst ernst genommen. Millionen Menschen, Leser und Hörer, haben über Drewermann registriert, daß es aus der biblischen Tradition Wichtiges zur Angst zu sagen gibt. Während man es sich traut, die Institution Kirche links oder rechts liegen zu lassen und zu überhören, wird die Resonanz auf den Prediger in der Wüste von Paderborn unübersehbar.

Gute Wege der Überwindung der Angst stellt dieses Teilwerk Band 1 »Angst und Schuld« anschaulich vor Augen. Drewermann hütet sich dabei vor einer Vereinnahmung der Theologie durch die Tiefenpsychologie. Er mutet den außertheologischen Wissenschaften bei allem Respekt auch deutliche Rückfragen zu. Von einer Verdrängung der Theologie, von ethischer Beliebigkeit und von Gnade zum Nulltarif kann kein vernünftiger Mensch reden, der sich auf solche Bücher ein wenig genauer eingelassen hat.

Drewermann sagt: »Alles Unheil der menschlichen Psyche entstammt in psychoanalytischer Sicht der Angst des Menschen; diese Einsicht allein ist überaus wertvoll; der Angstbegriff der Psychoanalyse aber kann sich nur an den empirisch faßbaren Formen der Angst orientieren und kennt daher, ausgehend von dem Begriff der Realangst aufgrund von Objektverlust, nur deren verinnerte Formen als Triebangst und Überichangst« (*Band I*, S. 120). Drewermann sieht für seinen theologischen Ansatz eine Verkürzung des menschlichen Angstproblems. Der kritische Dialog über die Theologie hinaus drückt sich dann so aus: »Die entscheidende Bedeutung der sogenannten Erbsündenlehre liegt mithin offenbar darin, daß sie den Menschen unter Einbeziehung psychoanalytischer Erkenntnisse als ein Wesen verstehen lernt, das an der Angst seins Bewußtseins krank werden muß, wenn es diese Angst, die es wesentlich kennzeichnet, nicht durch einen Akt des Vertrauens überwinden lernt. Wollte man dem Menschen nach dem Konzept nur einer äußerlichen Angsttheorie die Möglichkeit zur Angst nehmen, so müßte man ihm letztlich das Kostbarste nehmen, was er als Mensch besitzt: sein Bewußtsein und seine Freiheit. Ein Mensch ohne Angst wäre kein Mensch mehr. An dieser Stelle bedarf die Psychoanalyse ihrerseits dringend der Einsichten der Theologie« (*Band I*, S. 121 f.).

Hier sind Andeutungen enthalten, wie sich Drewermann einen kritischen Dialog zwischen den Humanwissenschaften vorstellt. Es wird deutlich, daß auch die Theologie den anderen Wissenschaften beistehen kann und helfen muß. Dieses Buch geht aus von dem Versuch, das Christliche und das Tra-

gische zusammenzuhalten. Dabei wird das tragische Lebens-
gefühl ernst genommen, das von Unabwendbarkeit, von Ver-
strickung und vom moralischen Scheitern geprägt ist. Die
Konflikte des Unbewußten mit dem Sittlichen werden nicht
einfach aufgelöst, wie auch der Konflikt der Verantwortung
in einer Spaltung der Sittlichkeit angegangen wird. Drewermann geht hier einen schweren Weg, der bereits konkrete
ethische Diskussion aufnimmt. Da werden genannt und vorsichtig in die Konflikte einbezogen: der Krieg, das Massen-
elend, die Bevölkerungsexplosion und die Abtreibung. Es
geht hierbei zunächst mehr um die Benennung der Zusammenhänge. Ausführlich und gründlich werden die großen
ethischen Aporien der menschlichen Existenz in späteren
Werken gebührend erörtert.
Die Grundfragen nach der menschlichen Angst begleiten
auch die ersten tastenden Versuche. Drewermann fragt in der
Mitte des Bandes 1: »Sollte man nicht vielmehr denken, auch
der Mensch wolle eigentlich das Gute, und er sehne sich nach
der Wahrheit, wenn nur die Angst in ihm zur Ruhe käme? In
diesem Falle bestünde durchaus kein Grund mehr, vom Menschen niedrig zu denken; im Gegenteil, man müßte dann der
Bergpredigt zustimmen, daß es letztlich keinen Sinn hat, dem
Bösen mit Gewalt zu widerstehen (Mathhäus 5,39). Dann ist
der Sinn, das Ziel der Religion unschwer verstehbar, wenn sie
sagt, einzig ein Glaube, der die Angst besiege, sei imstande,
den Menschen, der vom Bösen krank sei, von der Wurzel her
zu heilen« (»*Angst und Schuld*« – *Band 1*, S. 126). Drewermann wagt sich auf biblischer Grundlage an ein realistisches
Menschenbild heran, das Gnade statt Verachtung, Wärme
statt Kälte vorsieht, das trotzdem für anthropologischen Op-
timismus jenseits der Gnade keinen Raum läßt. Der kirchliche Beitrag zu neurotischen Schuldfixierungen wird in diesen Zusammenhängen nicht gering angesetzt.
Dieser Versuch einer Synthese zwischen Dogmatik und
Psychoanalyse landet erneut bei Sören Kierkegaard. Seine

»Krankheit zum Tode« (1849) muß bei dem komplizierten Begriffspaar »Sünde und Neurose« behilflich sein: »Es ist gerade 130 Jahre her, 70 Jahre vor Sigmund Freud, 30 Jahre vor Dostojewski, daß Sören Kierkegaard – selber am Rande der Verzweiflung – in wenigen Wochen sich das eindrücklichste Lehrstück über die Verzweiflung von der Seele schrieb, das bisher im Druck erschienen ist, betitelt: Die Krankheit zum Tode (*Band 1*, S. 129). In Paderborn wird ebenfalls publiziert in Vorgängen des Sich-von-der-Seele-Schreibens, wenn Menschen vor dem Tod sterben, als Untote weder Weinen noch Freude zeigen können: »Es gibt innerlich eine Macht, die den Menschen daran hindert, er selbst zu sein und die Synthese seiner selbst zu setzen, und darin besteht das eigentliche Geheimnis und die eigentliche Gefährdung der Freiheit: daß sie nämlich Angst ist« (*Band 1*, S. 134). Drewermann bringt das Handwerkszeug mit, um über die Theologie hinaus verschiedene Formen seelischer Unfreiheit und Krankheit klar unterscheiden zu können: die Zwangsneurose, die Hysterie, die Depression und die Schizoidie. Von hier aus versucht er dann, *Theologie* und *Psychoanalyse* sowie *Seelsorge* und *Psychotherapie* in ein gesundes, dialogfähiges und kooperatives Miteinander zu bringen. Heil und Heilung rükken nahe zusammen. Das pastorale Ziel wird mit einfachen Worten für komplizierte Verstrickungen formuliert: »Als Jesus seine Jünger aussandte, gab er ihnen den Auftrag, sie sollten den Kranken die Hände auflegen, Dämonen vertreiben und verkünden, das Gottesreich sei nahe (Lukas 9,2; Matthäus 16,17f.). Verstehe ich diesen Befehl richtig, so ist damit gemeint, was Seelsorge und Psychotherapie gemeinsam tun möchten: Es gilt, einen Raum der Geborgenheit, des Schutzes und der vorbehaltlosen Annahme zu eröffnen« (*Band 1*, S. 163). Wen sollte es wundern, daß gerade in der lutherischen Tradition solche Sätze besonders aufmerksam gelesen und registriert werden. Wird doch gerade hier die alte, anhaltende Frage nach dem gnädigen Gott in neuer Sprache aktuell und verstehbar beantwortet. Die wesenhafte Einheit von Seelsorge und Psychotherapie wird evident. Drewermann faßt seine Gedanken so zusammen: »Nur weil die Angst der Ursprung aller Seelenkrankheit ist, kann im Neuen Testament der Glaube als die Kraft der Heilung verstanden werden« (*Band 1*, S. 167). Da hätte auch der Mönch aus Wittenberg gerne mitgemacht. Denn Drewermann ist unbewußt zum modernen Anwalt des *sola fide* Luthers (= allein durch den Glauben) geworden. Die spürbare Distanz zu einer kranken Werke-Ethik der römisch-katholischen Tradition haben Paderborn und Wittenberg gemeinsam.

»Wege und Umwege der Liebe«

Drewermanns zweiter Band im Zyklus »Psychoanalyse und Moraltheologie« wird nach den grundlegenden Klärungen im ersten Teil lebensnah und konkret in ethischen Fragen. Das mittlere Buch hat seit 1983 acht Auflagen erfahren. Es bleibt in seiner ethischen Konkretion gut lesbar und hilfreich. In der Einleitung stehen wieder anthropologische Fragen im Vordergrund: »Von der Geborgenheit im Ring der Liebe.« Drewermann greift nochmals auf Genesis 2, auf das erste Buch des Alten Testaments zurück. Er will auch hier verstehbar reden für Menschen, die den »Strukturen des Bösen« bisher noch nicht gefolgt sind.

Großen Raum nehmen dann ethische Perspektiven zur Ehe ein. Hier wird theologisch und pastoral behutsam argumentiert und besonders sensibel geworben, auf dem Weg zu einer Eheauffassung, die den biblischen Befund und den menschlichen Realitäten zugleich gerecht sind. Drewermann stellt folgerichtig einige kritische Fragen an die formal behauptete Unauflösbarkeit von Ehe. In psychotherapeutischer Sicht können Rückfragen an Dogma und Kirchenrecht nicht ausbleiben. Es fällt auf, daß Drewermann auch auf diesem sensiblen Gebiet behutsam vorgeht und leise argumentiert. Der unvermeidliche Konflikt mit Realitätsferne und Lebensfremdheit kirchlicher Standpunkte bleibt auch hier vorprogrammiert.

»Es bedeutet für die kirchliche Eheauffassung zweifellos eine außerordentlich wichtige Korrektur, wenn sich tiefenpsychologisch zeigt, daß manche Motive der Liebe keinesfalls mit Verstand und gutem Willen zu steuern sind, weil sie tief im Unbewußten liegen. Bereits die antike Mythologie wußte, daß Amor ein Gott sein kann, der Menschen, je nach Laune, von einem Augenblick zum anderen in spaßige beziehungsweise in tragisch-hilflose Kinder zu verwandeln vermag« (*Band 2*, S. 60). Mit diesen Andeutungen soll gesagt werden, daß in Fragen der Liebe ohne Erfahrungen aus Tiefenpsychologie und Psychotherapie gerade theologisch nicht überzeugend argumentiert werden kann. In dieses Feld menschlicher Begegnung ragen Phänomene wie Übertragung und Projektion hinein, so daß es an den Erfahrungen aus Analyse und Therapie vorbei nur zu formalen, lebensfernen Idealforderungen und Überforderungen kommen kann.

Drewermann folgt über weite Strecken seiner kirchlichen Tradition und betont bewußt die Sakramentalität der Ehe: »Zugleich ist es deutlich, daß nur unter der Voraussetzung der Sakramentalität der Ehe von der Unauflöslichkeit der Ehe die Rede sein kann. Der Protestantismus, der die Ehe gut lutherisch für ein ›natürlich Ding‹ hält und zudem auch noch an die Verderbtheit der menschlichen Natur glaubt, bleibt nur seinem eigenen Ansatz treu, wenn er, allen Worten Jesu zum Trotz, die Ehe für auflösbar erklärt und sich damit an die moralische Notverordnung anschließt« (*Band 2*, S. 71). Dieser Hinweis auf die Worte Jesu meint hier speziell Markus 10,9: »Was nun Gott zusammengefügt hat, soll der Mensch nicht scheiden.«

In diesem Zusammenhang verdienen zwei Kapitel besondere Beachtung: »Von einer besonders tragischen Form des Mißverständnisses in der Ehe – oder: vom Recht auf Scheidung und auf Wiederverheiratung in der katholischen Kirche« sowie – »Aus Schuld geschieden – verdammt zum Unglück? Von dem Recht auf Vergebung auch in der katholischen Kirche«.

Drewermann macht sich hier erneut unbeliebt, da er unpassende Fragen stellt, die nahe am Menschen und dicht an den Verwirrungen menschlicher Entscheidungen barmherzig und verständnisvoll reagieren. In der Sackgasse menschlicher Existenz kann es pastoral nicht ausreichen, nur formal und ausschließlich mit Normen und Forderungen zu argumentieren: »Auch eine Kirche Gottes hat kein Recht, im Namen eines Gottesrechts Tausenden von Menschen Unrecht zu tun, nur weil ihre Theologen sich nicht abgewöhnen wollen, die Problematik menschlichen Zusammenlebens weit unterhalb des analytischen Wissens ihrer Zeit und im Rahmen eines zwar ehrwürdig tradierten, aber sehr verengten Menschenbildes zu erörtern« (*Band 2*, S. 111). In dieser pastoralen Ethik bleibt wenig Raum für starre Prinzipien, für lebenslange Bestrafung und für Dauerverweigerung eines Neuanfangs als zusätzliche Last. Mag sein, daß Drewermann seine Kirchenoberen gerade in diesen unscheinbaren Thesen nachhaltig provoziert und folgenträchtig geärgert hat. Der gegenwärtige Wertewandel berührt diesen empfindlichen Bereich in besonderer Weise, was den Abstand zwischen kirchlichen Forderungen und lebendiger Wirklichkeit ins Uferlose gedehnt hat. Der Analytiker aus Paderborn bringt speziell auch zu diesen ethischen Problemen viel Verständnis für den Menschen in ausweglosen Situationen mit: »Zu dieser Art Vertrauen auf Vergebung zählt auch das Recht, jenseits des unglücklichen Scheiterns einer Ehe ein neues Eheglück suchen zu dürfen, und sicher gibt es keine Pflicht, die ›Strafe‹ eines unverdienten Schicksalsunglücks lebenslänglich abzubüßen« (*Band 2*, S. 130). Gnade vor Recht wäre als Ausnahmeregel für kirchliches Recht im Licht des Jesus von Nazareth immerhin diskussionswürdig. Die wachsende Lebenserwartung hat diese Diskussion ebenfalls zusätzlich erschwert.

In diesen ethischen Zusammenhängen kommt Drewermann auch auf einige Sonderformen der Sexualität zu sprechen. Unter der Überschrift von Friedrich Nietzsche aus »Jenseits von Gut und Böse« (1886) erhält das Zwischenkapitel einen eigenen Akzent: »Das Christentum gab dem Eros Gift zu trinken: Er starb zwar nicht daran, aber entartete zum Laster« (zitiert in *Band 2*, S. 162). Dieser O-Ton Nietzsches könnte auf scharfe Zwischenrufe zur Homosexualität, zur Masturbation und zum vorehelichen Verkehr schließen lassen. Drewermann behält auch hier seinen eher leisen, pastoral barmherzigen Ton bei. Vor der gesamten Klammer steht ein gutes Vorzeichen: »Man sollte nur moralisch diagnostizieren, wenn man die Kraft zum Heilen in sich hat« (*Band 2*, S. 191). Dieser glaubwürdige, ehrliche Priester ordnet so konsequent das Verstehen vor das Verurteilen. Diese christliche Vor-Ordnung mag dann zusätzlich Ärger auslösen. In der Nachfolge Jesu aber muß so gedacht und argumentiert werden.

Drewermann bleibt seiner eigenen analytischen Methode treu. Nach gründlicher Information zum Einzelthema überwiegt pastorales Verständnis und das Eingeständnis, daß medizinische und psychologische Einordnung weiterhin schwierig bleiben. Das gerade auch unter Priestern heikle Thema Homosexualität wird von moraltheologischen Abwertungen und Vorwürfen durchgehend freigehalten. Drewermann geht vorsichtig auf Einzelheiten ein, die sonst in ethischen Abhandlungen gerne übergangen werden. Tabubelastungen lagen vor wenigen Jahren noch drückender auf dieser Diskussion als in der Gegenwart. Gerne haben sich seither Theologen um klare Positionen in diesen unbeliebten Grenzbereichen gedrückt. Drewermann vermeidet bewußt den zu billigen Ausweg in Richtung Perversion oder Behinderung.

Bei der Behandlung sexueller Selbstbefriedigung geht Dre-

wermann ebenfalls wieder behutsam gegen Angst und einge-
peitschte Schuldgefühle an. Interessant werden dauerhafte
Fehlorientierungen wiederum primär in ihrer Sozialschäd-
lichkeit. Drewermann bezieht sich abschließend auf Ruth
Cohn mit dem Hinweis, daß die emotionale Ausrichtung
eines Menschen für die Liebesfähigkeit wichtiger ist als die
Bewegung seiner Hände.

Bei den Hinweisen zum vorehelichen Sexualverkehr deutet
sich am ehesten ein Stück Inaktualität an, da das Verhalten der
jungen Generation schnellem Wertewechsel unterliegt. Die
kulturgeschichtliche und gesellschaftliche Einordnung der
Lebenspraxis wird belassen, ohne der normativen Kraft des
Faktischen die Argumente allein zu überlassen. Drewermann
bleibt sich treu in einem ruhigen, bescheidenen, verständnis-
vollen Diskutieren. Seine reiche gesprächstherapeutische Erfahrung hat ihm wieder die Feder geführt. Je näher am wirklichen Leben diskutiert wird, um so verständnisvoller und
einfühlsamer werden die ethischen Argumente. Die Erfahrungen aus dem Priesterseminar liegen noch nicht in uner-
reichbarer Entfernung. Die Erfahrungen aus der Psychotherapie – durchschnittlich 20 Stunden pro Woche – schwingen
in dieser menschenfreundlichen Diskussion mit.

An den Grenzen des Lebens

Neugierig hat man in diesen gelungenen Bänden weitergelesen.
Fällt doch gleich zu Beginn wieder der libanesische Dich-
ter Kahlil Gibran auf: »O Seele, begehrte ich nicht Unsterb-
lichkeit, hätte ich nie das Lied erlernt, gesungen durch den
Kosmos der Zeit. Ein Selbstmörder wäre ich gewesen, nichts
wäre von mir geblieben als meine Asche, verborgen im Grab.
O Seele, hätten mich nicht Tränen getauft und die Geister der
Krankheit nicht meine Wimpern getuscht, so würde ich das
Leben dunkel wir durch einen Schleier gesehen haben. O
Seele, das Leben ist eine Düsternis, die endet wie im Sonnen-

glast des Tages. Die Sehnsucht meines Herzens sagt mir, es ist Frieden im Grab. O Seele, wenn ein Narr mir sagt, die Seele verdirbt wie der Körper und das, was stirbt, kehrt nie wieder, so sage ihm, die Blume verdorrt, doch das Samenkorn bleibt und liegt vor uns wie das Geheimnis des immerwährenden Lebens« (Band 3, S. 21 f.).

Drewermann bleibt konkreten ethischen Konflikten auf der Spur: »Der verlorene Ursprung und die verheißene Hoffnung«, »Von Krankheit, Kränkung und Verwandlung«, »Suchtstrukturen, Süchte – und ihre fast unmögliche Behandlung«, »Vom Problem des Selbstmordes oder von einer letzten Gnade der Natur«, »Von der Zerstörung der religiösen Rede«, »Ein Plädoyer für die Lüge oder: vom Unvermögen zur Wahrheit« und »Kirche in der zweiten Hälfte unseres Jahrhunderts«. Drewermann setzt hier die Akzente unterschiedlich. Einige Kapitel werden bewußt knapp gehalten, weil bereits Ausführungen an anderer Stelle vorhanden oder noch zusätzlich neu geplant sind. Zum Beispiel wird das Thema »Krieg und Christentum« in späteren Büchern wesentlich ausführlicher und gründlicher behandelt. So dürfte es hier genügen, nur die Hauptlinien des Bandes 3 »An den Grenzen des Lebens« zu skizzieren.

Gut zu lesen bleibt die Lebensweisheit in diesem Band. Stichworte wie *Versöhnung mit dem Alter* oder *Versöhnung mit dem Tod* werden unter der Hand zu pastoraler Lebenshilfe. Der Umgang mit Leben in der Hebräischen Bibel spielt wieder eine starke Rolle. Natürlich kommen auch Weisheiten aus den Naturreligionen erneut zur Geltung: »Wenn Indianer den Tod nahen fühlten, konnten sie ihn begrüßen wie einen Freund, der sie in die eigentliche Welt, deren bloßes Schattenbild das Diesseits ist, hinübergeleitete; sie erwarteten ihn in tagelangem Schweigen: Sie starben nicht, sie machten sich auf, ihre Seele hinüberzuschicken; sie fügten sich selbst in den Kreislauf der Zeit, und ihr Weggang war für sie wie ihr ganzer Wandel auf Erden: gehorsam« (*Band 3*, S. 35). In das Reden von Alter, Krankheit, Tod kommt so Ruhe, Gelassenheit und Geborgenheit. Psalm 104 steht neben Leo Tolstois »Drei Tode«.

Bei den Ausführungen über die Selbsttötung kommt wieder der pastorale Ansatz in Drewermanns ethischen Überlegungen zur Geltung. Die Engpässe und Sackgassen des Lebens passen oft für steile moral-theologische Forderungen nicht. Die ethische Frage kann spannend werden: Wer hat sich wem anzupassen? Es gibt auch Selbsttötung aus Liebe, in Ruhe und in Frömmigkeit. Jochen Klepper († 1942) wird behutsam als eine fromme Variante des überlegten Freitodes genannt (*Band 3*, S. 140). Drewermann weist in Übereinstimmung mit der Tradition abschließend darauf, daß Selbsttötung bei allem Verständnis im Einzelfall – speziell beim pathologischen Suizid – deutliche Argumente gegen sich hat: der Glaube als Vertrauen auf die Güte Gottes, die widergöttliche Eigenmächtigkeit des Menschen, eine objektive Ausweglosigkeit könne es für den Glaubenden letztlich nicht geben. Drewermann läßt diese herkömmlichen Argumente weitgehend stehen und sagt einschränkend: »Es ist sehr wohl möglich, an Gott, an ein unsterbliches Leben und an den Wert des Daseins im ganzen zu glauben und dennoch eine endliche Situation für aussichtslos zu halten. Insbesondere die katholische Moraltheologie müßte sich dazu bereitfinden, das Moment des Tragischen im menschlichen Leben anzuerkennen und für Krisen des Daseins sensibel zu werden, in denen der einzelne, außerhalb des Schutzes des ethisch Allgemeinen, mit seinem Gewissen allein vor Gott steht« (*Band 3*, S. 167).

Drewermann macht es nichts aus, auch in ethischen Grenzfragen neben und gegen kirchlich Opportunes zu denken. Seine Nachdenklichkeiten zu den schwierigen Fragen der Sterbehilfe, zum Problemkreis Euthanasie verdienen eigene Aufmerksamkeit. Aufgeschrieben in den Jahren 1983/84 blieben diese Anmerkungen aktuell und unbewältigt. Drewermann läßt sich auf die Engpässe des realen Lebens ein und sagt: »Wohl gibt es gerade an den Grenzzonen des Lebens immer wieder die Gefahr des Selbstbetruges, und insbesondere bei Entscheidungen, die absolut irreversibel sind wie die Euthanasie, ist mehr als irgend sonst darauf zu dringen, die eigenen Motive so gründlich wie möglich zu prüfen und zu läutern. Mitleid kann getarnter Eogismus, Hilfsbereitschaft verdrängter zwangsneurotischer Sadismus, das eigene Engagement die Folge verkappter Herrschsucht sein; trotzdem bleiben Fälle genug übrig, in denen die Euthanasie unabweisbar ist« (Band 3, S. 125). Drewermann geht auch hier einen risikoreichen Weg. Leser mit der freundlichen Absicht, ihm Häresie nachzuweisen, könnten auch im ethischen Bereich fündig werden. Wer sich aber theologisch auf das wirkliche Leben, auch auf tragische Verstrickungen einläßt, der wird kaum anders reden können. Drewermann faßt dann zusammen: »Auch und gerade in der Euthanasiefrage müßte die kirchliche Moraltheologie lernen, was ihr offenbar am schwersten fällt: den Bereich des Tragischen anzuerkennen und die Offenheit möglicher Ausnahmen von allen Gesetzen zuzugeben« (Band 3, S. 126).

»An den Grenzen des Lebens« läßt es sich eben nicht vermeiden, den real existierenden Menschen ins Blickfeld zu bekommen. Wer das einzelne Schicksal eines belasteten Menschen in letzter Ausweglosigkeit ernst nimmt, der muß so reden. Auf den ethischen Konsensus werden diese menschenfreundlichen Argumente erst in zweiter Linie achten können. Einfacher sind ethische Konflikte am Ende des 20. Jahrhunderts nicht zu bearbeiten. Das weiß der Autor aus Paderborn selbst. Er äußert sich entsprechend. Auch im ethischen Bereich wird der verweigerte Dialog mit Drewermann noch böse Folgen haben. Zumal die Amtskirche in ihrem angeblichen Besitz »absoluter Wahrheit« gerade in ethischen Konflikten immer hilfloser zur Tautologie neigt.

3. »Tiefenpsychologie und Exegese«

Eine klare Zusammenordnung von Tiefenpsychologie und Exegese wäre schon ein interessantes, notwendiges und spannendes Unternehmen. Gibt es doch gerade heute viel qualifizierte Spezialisten, die gerade noch in ihrer eigenen Disziplin sachkundig und dialogfähig auftreten können. Wo bleiben eigentlich die Wissenschaftler, die breiter, dialogfähig, fachübergreifend in mehreren Disziplinen zugleich eingreifen, mitsprechen und dazwischenreden können? Welche Theologen können damit rechnen, in anderen Fakultäten überhaupt noch gehört und ernst genommen zu werden?

Die Überheblichkeit einem Drewermann gegenüber hat es noch nicht verhindern können, daß dieser Theologe gerade außerhalb des theologischen Glasperlenspiels registriert und respektiert wird. Drewermann spricht in einigen seiner Bücher von einem gefährlichen Graben zwischen einer seelenlosen Theologie und einer sich atheistisch gebärdenden Tiefenpsychologie. In der Einleitung der »Strukturen des Bösen« (*Band I*, 1977, S. LXXXIX) sagt Drewermann: »Für die Theologie hängt alles daran, endlich die Macht und Verantwortung ihrer eigenen Bilder und Glaubensbekenntnisse zur Heilung der menschlichen Zerrissenheit und Verzweiflung zurückzugewinnen. Gerade mit Hilfe der psychoanalytischen Einsichten in die menschliche Angst muß sie zeigen, wie recht die jahwistische Urgeschichte mit der Überzeugung hat, daß der Mensch ohne Gott sich nur zugrunde richtet. Um der Heilung des Menschen willen wird es hohe Zeit, die furchtbare Kluft zwischen einer seelenlos gewordenen Theologie und einer atheistisch sich darstellenden Tiefenpsychologie zu überwinden.«

Über den geistigen und methodischen Hintergrund der Arbeit des Theologen aus Paderborn gibt es soviel Auskunft nicht. Macht schon die theologische Einordnung des Eugen Drewermann aktuell einige Schwierigkeiten, so dürfte die genaue Plazierung in den diversen Strömungen der neueren Geistesgeschichte nahezu unmöglich scheinen. Wer sich auf die anstrengende Lektüre der umfangreichen Drewermann-Bücher ein wenig tiefer einläßt, der bekommt genauere Orientierung aus den beiden Bänden »Tiefenpsychologie und Exegese« *(TuE).* Diese zwei umfangreichen Bücher geben Auskunft über Voraussetzungen, Methoden und Ziele des Exegeten Drewermann. Es lohnt sich auch hier, etwas tiefer hinzusehen, sich bewußt einzulesen und sich selbst ein eigenes Urteil zu bilden. Begleiten den theologischen Neuansatz des Eugen Drewermann schon zu viele Gerüchte, Unterstellungen und Fehlurteile? Auffallend schnell kam es zu negativen Wertungen aus Unkenntnis, vielleicht auch aus Neid und Mißgunst. Bequeme Vorurteile gegen Drewermann könnten zusätzlich durch die teils schwierige Lektüre dieser beiden Bücher Störung und Korrektur erfahren.*

Es ist schon ein seltsames Unterfangen, einen modernen, frommen Theologen am Ende des 20. Jahrhunderts irgendwo zwischen Mystik und Romantik geistes- und theologiegeschichtlich einzuordnen. Ob der 1940 geborene Drewermann

---

* Eugen Drewermann: »Tiefenpsychologie und Exegese, Band I, Die Wahrheit der Formen. Traum, Mythos, Märchen, Sage und Legende«, Walter-Verlag Olten und Freiburg im Breisgau 1984, 8. Auflage 1990, 576 Seiten.
  Eugen Drewermann: »Tiefenpsychologie und Exegese, Band II, Die Wahrheit der Werke und der Worte. Wunder, Vision, Weissagung, Apokalypse, Geschichte, Gleichnis.« 851 Seiten, 6. Auflage 1990.
  Die Gesamtauflage dieses Werkes ist inzwischen seit 1984 auch angewachsen: Band I liegt vor in 8. Auflage, Band II in 6. Auflage, und die neue vollständige Sonderausgabe in 2. Auflage seit 1991.

in seinem Denken und Schreiben eher ins 19. Jahrhundert gehört? Ihn selbst werden diese mühsamen Einordnungsversuche weitgehend kalt lassen. Für das Verständnis und die Akzeptanz seines Neuansatzes könnte es aber hilfreich sein, ein paar Annäherungen zu versuchen. Gerade in den beiden Bänden »Tiefenpsychologie und Exegese« gibt Drewermann mehr als sonst Auskunft über Hintergrund, Methode und Absicht seiner unkonventionellen Art, biblische Theologie zu treiben. Wieder wird die Spannung zwischen der nur historisch verstandenen Offenbarung und dem spürbaren Heil in der Gegenwart herauszuhören sein. Der parallele Klang von Gottes- und Selbsterkenntnis könnte vertraute, liebgewordene dogmatische Formeln relativieren und die Stille einer in sich ruhenden Kirche der reinen Lehre stören. »Der Ort der Selbstfindung ist der eigentliche Anfang des Religiösen« (*TuE, II*, S. 693).

Die Spuren des Heils in jeder einzelnen Seele gerade in seinen kleinsten Spuren, Elementen und Keimen interessiert bei diesem Ansatz. Auch bei den exegetischen Arbeiten des Eugen Drewermann geht es subjektiv und subjektbezogen zu. Über dieser neutestamentlichen Exegese könnte als Überschrift stehen, wie der evangelisch/katholische Mystiker Johannes Scheffler, genannt Angelus Silesius (1624 bis 1677), zum Wunder von Bethlehem geschrieben hat: »Wird Christus tausendmal zu Bethlehem geboren und nicht in dir, du bleibst doch ewiglich verloren.« Für Drewermann heißt das, daß der Mensch zur Mitte der Welt und zu seinem Innersten im Herzen zugleich vorstoßen kann. Im Band II, *TuE*, S. 343: »Kein Mensch hätte den Mut, sich auf das Meer seines Unbewußten hinauszuwagen, wenn nicht in ihm selber Bilder angelegt wären, die ihm einen Weg zeigen hinüber zum anderen Ufer seiner ewigen Heimat.«

Ziemlich am Anfang dieses wichtigen Buches steht in Band I
(*TuE*, S. 72 ff.) das kleine, unscheinbare Kapitel »Das mißach-
tete Erbe der Romantik«. Hier gibt der Autor indirekt Auskunft über seine geistige Heimat, über eigene Akzente und
intendierte Ziele seiner theologisch-exegetischen Arbeit.
Ohne genauere Lektüre solcher verstreuten Konfessionen
läßt sich der produktive Querdenker sonst kaum verstehen.
Der Umgang mit Denkern wie Novalis, Friedrich Schleier-
macher, E. T. A. Hoffmann und Albert Schweitzer verdient
gezielte Beachtung. Die Romantik wird gewürdigt in ihrer
Hinwendung zum Gefühl, in ihrer neu entdeckten Religiosität. Die Hinwendung zu den tieferen Schichten der menschlichen Seele eröffnet neue Zugänge und nebenher auch neue
Anforderungen an den Umgang mit biblischen Texten in der
Exegese. Die Grenzenlosigkeit der menschlichen Seele wird
neu beziehungsweise wiederentdeckt. Das Verstehen wird
weniger von außen als von innen geleitet, entfaltet und gestaltet. Der Philosoph, der Dichter und der Priester rücken dabei
unverkennbar nahe zusammen. Eigene Akzente des Johann
Gottfried Herder werden hier ebenfalls gewürdigt. Wichtig
werden zuerst die psychischen, subjektiven Wahrheiten. Kritische Seitenblicke auf die nur intellektuelle professorale Ge-
lehrsamkeit werden unvermeidlich.
Begriffe wie Mythos, Märchen, Legende und Sage erhalten
einen stärkeren Stellenwert und zugleich intensive Zuwendung. Es könnte sein, daß solche fast autobiographischen
Mitteilungen dieses unbequemen Wissenschaftlers bisher zu
wenig beachtet worden sind. Abschließend sagt Drewermann
in diesem Zusammenhang: »Alles kommt daher auf die Frage
an, wie man im Erbe und in Anknüpfung an die romantische
Hermeneutik den unhistorischen Erzählformen der Bibel
ihre psychische Wahrheit im Rahmen einer psychologischen
Auslegung zurückgeben kann« (*TuE, Band I*, S. 78).

Hier schlägt das Herz des Bibelexegeten aus Paderborn, der weiß, daß er damit der historisch-kritischen Bibelauslegung einige Korrekturen und Ergänzungen zumutet. Drewermann ist fest davon überzeugt, daß es einen leichteren und einfacheren Zugang zum Kern der biblischen Texte heute nicht mehr geben kann. Auf der anderen Seite kann man verstehen, daß manche Exegeten bewährter alter Methoden aus der historisch-kritischen Schule spürbar verunsichert und abweisend reagieren. Rechnet man die vielfach zu beobachtende Echo- und Resonanzlosigkeit herkömmlicher Exegese mit ein, dann werden Aufmerksamkeit und Respekt für Drewermann eher zunehmen als abnehmen. Es ist schon zu beklagen, daß die seriöse theologische Auseinandersetzung mit dieser Art von Bibelauslegung erst so zögerlich angesetzt hat. Die Abwehr des anstrengenden theologischen Diskurses könnte ja risikoreich und gefährlich werden. Auch den Gegnern Drewermanns dürfte nicht entgangen sein, daß mit Unterstellung, Vorurteil und Vorverurteilung letztlich wenig zu erreichen sein dürfte. Die lehramtliche Kirche müßte gleichzeitig merken, daß diesen unbequemen theologischen Zwischenrufen mit Disziplinar- und mit Gewaltmaßnahmen auf Dauer letztlich nicht beizukommen ist. Drewermanns theologische Leistung sollte wenigstens soviel Zuwendung wert sein, daß ihm adäquate Diskussion in wissenschaftlicher Auseinandersetzung zuteil wird. Mit dem Entzug von Lehrerlaubnis, von Predigterlaubnis, mit Bußschweigen oder mit Suspension vom Priesteramt lassen sich die hier nur formal behandelten und bisher unbeantworteten Fragen kaum bewältigen. Der konsequent verweigerte theologische Dialog birgt gerade für die Kirche große Risiken in sich. Diese Risiken werden nicht abgemildert durch permanente Gegenbehauptungen der Gegenseite. Es fällt inzwischen auf, welch umfangreiche, emsig zusammengetragenen Dokumentationen das Gegenteil beweisen sollen. Das Buch »Dokumentationen – zur jüngsten Entwicklung um Dr. Eugen Drewermann«, im Bonifatius-

Verlag Paderborn 1991, herausgegeben von Hermann-Joseph Riek gehört in diesen Zusammenhang. Hier soll auf 367 Seiten der Versuch eines Nachweises erbracht werden, daß die institutionelle Seite mit größter Geduld und verständnisvoller Zuwendung ständig dialogbereit auf den störrischen Drewermann gewartet habe. Dieses Buch hat dabei einige bleibende Verdienste: Positiv müssen auch die wenigen Freunde Drewermanns anerkennen, daß das einzige seriöse theologische Gespräch mit dem Ortsbischof Johannes Degenhardt, das am 6. Juli 1990 stattgefunden hat, über nahezu 200 Seiten in diesem Buch minutiös dokumentiert ist. Diese Dokumentation mußte im Frühjahr 1992 aus dem Verkehr gezogen werden, weil eine Predigt Drewermanns ohne Einverständnis des Predigers dort abgedruckt war.

»Hier wird Wäsche gewaschen und gebügelt!«

Zurück zum Hauptthema dieser beiden theologischen Bücher über Exegese, die für die Arbeit Drewermanns so wichtig geworden sind. Am Anfang des ersten Bandes wird etwas ausführlicher Sören Kierkegaard zitiert. Es geht um einen Hinweis auf die »Einübung im Christentum« (1850), wo eine Übereinstimmung zwischen Kierkegaard und Drewermann handgreiflich wird. Biblische Texte können bei angeblich objektivem Zugang, bei historisch-kritischer Genauigkeit bedeutungslos und tot bleiben. Kierkegaards sprechendes Beispiel mit dem Schild »Hier wird Wäsche gewaschen und gebügelt!« (*TuE, Band I*, S. 12/13) paßt optimal in diesen Zusammenhang. Dieses Schild in Kopenhagen hatte den Studenten der Theologie Sören Kierkegaard veranlaßt, das mit diesem Schild bezeichnete Haus mit dem Korb voller Schmutzwäsche zu betreten. An der Theke der Firma wird Kierkegaard fast spöttisch belehrt: »Sie irren sich, mein Herr, dies hier ist keine Wäscherei, dies hier ist eine Fabrik für Schilder; hier wird nicht Wäsche gewaschen und gebügelt,

hier werden Schilder hergestellt, auf denen steht: ›Hier wird
Wäsche gewaschen und gebügelt!‹«

Mit Kierkegaard hält Drewermann eine Auslegung religiöser
Texte ohne aktuelle individuelle Betroffenheit für nutzlos
und irreführend. Die Auslegung der biblischen Texte braucht
über den historisch-kritischen Zugang hinaus Betroffenheit,
die Subjektivität des Angesprochenen. Es geht Drewermann
wie Kierkegaard um eine »Gleichzeitigkeit des Verstehens«.
Den eher peinlichen Besuch in einer Schilderfabrik möchten
beide ihren Zuhörern und Lesern ersparen. Hier mag nun der
theologisch-hermeneutische Streit einsetzen, ob heute ein
verantwortbarer Umgang mit der Bibel so aussehen kann. Die
Rede Drewermanns »vom religiösen Irrweg der historisch-
kritischen Methode« als einem alleinigen, exklusiven Zugang
zur Bibel hat überzeugende Gegenargumente bisher noch
nicht hervorgebracht.

Über die Exegese des Lebens

Eine interessante Parallele zwischen Drewermann und dem
Schweizer Schriftsteller Jeremias Gotthelf (1797 bis 1854) fiel
mir auf in dem Roman »Anne Bäbi Jowäger II«. Dort hat der
reformierte Aufklärungstheologe Gotthelf die Spannung
zwischen einer gekonnten Exegese und dem wirklichen Leben der Menschen deutlich nachgezeichnet. Zwei Zitate aus
den »Ausgewählten Werken« – herausgegeben von Walter
Muschg, vierter Band der Diogenes-Taschenbuchausgabe
von 1978, Seite 70 ff. – sprechen eine deutliche Sprache:

»Der arme Vikari! Er war stark in der Exegese, und seine Professoren
hatten ihn im Hebräischen und Griechischen stark gefuchst, und
wenn er auf eine dunkle Stelle kam im Hiob oder in den Sprichwör-
tern, so kriegte er Angst, zog Stiefel an und lief auf Bern, denn es war
ihm heiliger Ernst um die Sache. Wenn ihm dann dort einer sagte, es
sei ein Punkt versetzt oder das Ding beziehe sich aufs Nachfolgende

und nicht aufs Vorhergehende, ihm den Schlüssel zum verschlossenen Heiligtum in die Hände gab, so ward er wieder glücklich, lief heim, den Kopf voll Licht, lief herum daheim mit langen Beinen, und es dünkte ihn, es sollte ihm jedermann ansehen, was er Neues heimgebracht, welch tiefen Grund er gefunden.

Aber ach, über die Exegese des Lebens hatte kein Professor ihm was gesagt, für die war an der Hochschule kein Lehrstuhl, und Vater und Mutter, die sonst sehr oft in solchen Dingen gelehrter sind; die größten Utüfle von Professoren hatten ihn in diesem Punkte auch nicht gehörig gefuchset...

Aber das ist eben vom Übel, daß die Gstudierten mehr und mehr das Leben verachten und dagegen als natürliche Wirkung das Volk das heilige Buch, daß die Einen meinen, das Buch sei veraltet, die Andern, das Leben bedeute nichts und dessen Verständnis lerne man von selbst wie die Buben das Pfeifen; daß die Einen meinen, wenn einer im Urtext herumfahren könne wie eine Hex, so sei er ein Hexenmeister, und wenn er blindlings die Klassen der Engel aufzählen könne, so sei er selbst ein Engel, die Andern aber, daß wer das Leben am besten auszubeuten wisse zu seinem Nutzen und zu Stillung seiner Triebe, so sei er selbst Gott geworden, des Lebens Herr. So entsteht eine fürchterliche Einseitigkeit, welche in die klarsten Dinge Verwirrung bringt, eine Kluft, welche unwiederbringlich die Menschen scheidet, eine babylonische Sprachverwirrung, wo Keiner den Andern mehr versteht, Keiner dem Andern mehr ein Bruder zu sein vermag.«

»Die Wahrheit der Formen« wird in diesem Zusammenhang dann trotzdem wichtig. Gründlich untersucht Drewermann Formen wie Mythos, Legende, Novelle und Paradigma. Den Vorgang von Offenbarung entzieht er mehr und mehr der historischen Verfügbarkeit und der objektiven Nachprüfbarkeit. Die »Gleichzeitigkeit des Verstehens« fordert auch eine Gleichzeitigkeit der Verstehenden. Dabei kommt es schon zu neuen, überraschenden Akzenten, die das theologische Streiten lohnen würden. Drewermann empfiehlt hier recht unkonventionell: »Mit dem Traum, nicht mit dem Wort ist zu beginnen« (*TuE, Band I*, S. 92). Als unentbehrliches Handwerkszeug des Exegeten wird die Psychoanalyse eingeführt. Drewermann will auch hier helfen, »die furchtbare Kluft zwischen einer seelenlosen Theologie und einer atheistisch sich darstellenden Tiefenpsychologie zu überwinden« (*Strukturen I*, S. LXXXIX).

Eine Traumdeutung in den Texten und im aktuellen Erleben wäre ohne Hilfsmittel aus dieser Ecke nicht zu machen. Drewermann spricht in diesen wichtigen Zusammenhängen gut verstehbar: »Die einzige Methode aber, die imstande ist, die Gesetzmäßigkeiten der Traumpsychologie zu verstehen und von daher auch eine Brücke zu den religiösen Überlieferungen der Völker zu schlagen, verdanken wir der Psychoanalyse. Was sie über das Wesen des Traumes zu sagen hat, muß uns also jetzt am meisten interessieren« (*TuE, Band I*, S. 107). Da erscheinen dann Stichworte wie Schlaf, Psychodynamik des Unbewußten, Aufhebung von Raum und Zeit, Heilung im Traum, Magie und Ritus, Orakel und Wunderheilung, vom Traum zum Mythos. Es gibt wichtige biblische Erzählungen, die ohne den behutsamen Umgang mit träumenden Menschen nicht zu verstehen sind. Neben dem großen Befreiungsbild von Psalm 126 »So werden wir sein wie die Träumenden« steht Jesus Sirach 34,7: »Träume haben schon viele in die Irre geführt, weil sie ihnen vertrauten, sind sie gestrauchelt.«

Der Übergang vom Traum zum Mythos bleibt Drewermann trotzdem wichtig. Der Leser mag überrascht sein, welch großen Raum der Autor diesen Zusammenhängen widmet. Der Mythos wird entgegen dem modernen theologischen Trend einer konsequenten, radikalen Entmythologisierung in seinem bleibenden Wert, in seiner Notwendigkeit, in seinem unvertretbaren Beitrag zur Wahrheit ernst genommen und auch entsprechend gewürdigt. Mythos interessiert diesen theologischen Ansatz in einer *vierfachen* Beziehung, wie Drewermann das in Band I der »Tiefenpsychologie und Exegese« (S. 137) darstellt: Verbindung des einzelnen Menschen mit der Gemeinschaft, Verbindung der Gegenwart mit Vergangenheit und Zukunft, Verbindung des einzelnen Menschen mit der inneren und mit der äußeren Natur. Der Mythos interessiert als symbolische Soziologie, als Geschichtsphilosophie, als Psychologie und als Kosmologie. Eine Polemik gegen Drewermann wäre gerade an dieser Stelle unproduktiv, ja nahezu peinlich und dumm. Biblische Texte ohne den zeitgebundenen, aussagestarken Mythos verstehen zu wollen, setzt den theologischen Exegeten der Beliebigkeit und dem Spott aus. Eine Kritik, die sich nicht die Mühe macht, die gründlichen Arbeiten Drewermanns zum Mythos wenigstens zur Kenntnis zu nehmen, setzt sich inzwischen mit Recht der Lächerlichkeit aus.

Hat man in dieser Lektüre gelernt, dem Mythos Respekt zu zeigen, fällt es nicht schwer, mit Märchenmotiven in der Bibel »Vom Mythos zum Märchen« (*TuE, Band I*, S. 141) ähnlich behutsam umzugehen. Gleichzeitig erhalten Legende und Sage ihren notwendigen Raum. Alle biblischen Wahrheiten, die sich dieser Vehikel bedienen, besitzen damit nicht automatisch den Status des Unhistorischen oder Unwahren. Wer sich hier auf Drewermanns fundierte Ausführungen einläßt, der wird angenehm überrascht, wie alte Texte neu zu sprechen anfangen. Die Balance zwischen Geschichtlichkeit und Ungeschichtlichkeit könnte sich als unproduktiv und uninteressant an dieser Stelle erweisen. Gerade in diesen beiden umfangreichen Büchern gibt Drewermann ausführlich Auskunft über die geistigen Voraussetzungen seiner unkonventionellen, mitunter provozierenden Exegese. Dem Archetypus Traum werden Mythos, Legende, Sage und Märchen in einem Korrespondenzverhältnis zugeordnet.

Drewermann gibt dann Einblick in Regeln und Technik der Auslegung archetypischer Erzählungen. In dem »Regelkanon zur tiefenpsychologischen Interpretation« (*TuE, Band I*, S. 376f.) werden Grundlinien erkennbar. 15 Stichworte sollen dem Leser die Übersicht erleichtern:

- Motiv-Geschichte und Darstellung des Materials
- die religionsgeschichtliche Vielfalt der Motive
- die symbolische Deutung
- das Weiterdichten archetypischer Motive
- der Spiralaufbau der Erzählungen
- die Entwicklungsgeschichte der Individuation
- Anfang und Ziel der Erzählung
- die zentrale Gestalt
- die Vollständigkeitsregel
- die Realisierungsregel
- die Verdichtungs- und Zeitraffer-Regel
- die Ambivalenz der Symbole
- die Austauschbarkeit des Individuellen, des Kollektiven
- die Aufhebung des Geschichtlichen
- die Beziehung zu Ritual, Tanz und jede Art szenischer Darstellung.

Drewermann macht es sich nicht leicht, den wirklichen Intentionen biblischer Texte mit dem heutigen wissenschaftlichen Handwerkszeug gerecht zu werden. Die Psychodynamik der überlieferten Texte interessiert zu allererst. Es verwundert dann nicht, daß viele Formen und Inhalte in anderen Religionen parallel, zeitlich früher oder auch zeitlich nachgeordnet zu finden sind. Reiches Material aus den großen Religionen wird herangeführt, um biblische Bilder besser einzuordnen und in ihrer heilenden Kraft verstehen zu können. Besondere Motive tauchen auf. Sie werden parallel zum biblischen Bericht analysiert und interpretiert, ohne den Wert biblischer Erzählungen auch nur andeutungsweise zu schwächen. Die besondere Geburt, besondere Taten, Wunderberichte, das besondere Ende interessieren nun wirklich nicht nur bei der Erhellung der rätselhaften, teils recht dunklen Biographie des Jesus von Nazareth. Da interessieren eben auch die aus den Religionen vertrauten Bilder der jungfräulichen Geburt und des Gottessohns. Andeutende Bilder von Auferstehung fügen sich ein. In einer eher poetischen Sprache wird »Tiefenpsychologie und Exegese«, Band I, abgerundet, um in den noch umfangreicheren Band II über »Wunder, Vision, Weissagung, Apokalypse, Geschichte und Gleichnis« überzuleiten: »Wenn Gott ist, ist es uns erlaubt, Mensch zu werden und das Gotteskind in uns zu akzeptieren. Es liegt dann eine Zukunft vor uns, in der es Freiheit, Spiel und Freude gibt, in der wir zu uns selber finden und mit uns selber einig sind. Es ist dann so, wie wenn wir buchstäblich überhaupt erst anfingen zu leben in einer zweiten Jugend der Freiheit, der Liebe des Glückes« (*TuE, Band I*, S. 528).

Von der Wahrheit in Werken und Worten

Der umfangreichere Band II von »Tiefenpsychologie und Exegese« arbeitet unter sechs verschiedenen Stichworten. Im systematischen Interesse stehen hier: Wunder, Vision, Weissagung, Apokalypse, Geschichte und Gleichnis. In der Einführung verrät Drewermann erneut etwas mehr über seinen theologischen Standort als Exeget. Er redet in seiner deutlichen Sprache auch von Gefahren der Theologie und der Exegese:

- das erfahrungslose Sprechen von fremden Erfahrungen
- die Zerstörung der Bilder
- die professorale Distanz geschichtlicher Forschung
- die Verleugnung der zentralen Alternative zwischen Angst und Glauben.

Erneut kommt Kierkegaard zu Ehren, wenn aus Paderborn gegen das Brotgelehrtentum unter Theologen, gegen den Rationalismus in der Exegese und gegen professorale Anmaßung geredet wird. Der Zweifel des Petrus auf dem Weg zu Jesus über das Wasser beschäftigt hier erneut (Matthäus, 14,

22–33). Hiervon war bereits in »Tiefenpsychologie und Exegese« (*Band I*, S. 493 ff.) die Rede. Wasser als Zeichen des Lebens kann biblisch auch als Symbol der Bedrohung und der Bodenlosigkeit gesehen werden. Drewermann akzentuiert das bei Petrus auf seine Weise: »Das Wasser steht symbolisch für alles, was im Leben an Haltlosigkeit, an Bodenlosigkeit, an Abgründigem zu erfahren ist: die Angst vor dem Tod, die Angst vor dem Scheitern, die Angst vor der Sinnlosigkeit, die Angst vor dem Andrängen der Triebmacht des eigenen Unbewußten, die Angst vor allem noch Unfertigen, Ungestalteten, Ungeschlachten, Ungestümen...« (*TuE*, *Band II*, S. 30).

Drewermann holt weit aus, die psychologische Eigenart von Wundergeschichten und die Auslegung von Novellen dieser Art nahezubringen. Die Heilkraft dieser Bildgeschichten steht genauso außer Zweifel, wie Drewermann am historisch-faktischen Nachweis der biblischen Wunder uninteressiert bleibt. Es fällt wieder auf, welch ein weiter Radius durch die Welt der Religionen, der antiken Mythologie und der Naturreligionen beim besseren Verstehen helfen soll. Die Welt der Schamanen, speziell Schwarzer Hirsch, Pythagoras, Empedokles, Orpheus und Asklepios müssen helfen, mit den Wundern angemessen umzugehen. Ausführlich werden zwei neutestamentliche Wundererzählungen entfaltet: die Heilung des Besessenen von Gerasa (Markus 5,1–20) und die Heilung der blutflüssigen Frau sowie der Tochter des Jairus (Markus 5,21–43). Drewermann wird hier wieder sehr ausführlich. Er geht vielen religionsgeschichtlichen Parallelen nach und betont die Heilkraft dieser Bilder aus der Jesus-Tradition. Die psychosomatischen Deutungen verdrängter Angst legen sich nahe. Das anspruchsvolle Deutungsmuster greift über die Theologie hinaus in tiefenpsychologische Bereiche über. Wer hier noch nicht gründlich genug informiert wird, der kann im zeitlich späteren Markus-Kommentar zahlreiche wertvolle Ergänzungen zusätzlich aufnehmen. Es fällt wieder auf, wie Drewermann seiner Linie in der Exegese über lange Zeit treu bleibt und manche Aussage später noch verschärft.

Die biblischen Berufungs- und Erscheinungsvisionen werden kritisch analysiert. Die Erlebnisse der Schamanen in Himmelsträumen und Jenseitswanderungen werden recht unvermittelt speziell alttestamentlichen Texten zugeordnet. Die Spannungen und Widersprüche zwischen Königen und Propheten, zwischen Priestern und Propheten bleiben nicht auf den biblischen Befund begrenzt. Drewermanns immenses Wissen aus der vergleichenden Religionsgeschichte macht den Radius weit und die Lektüre selbst in Auszügen zu einzelnen Texten lohnend.

Der Umgang mit eschatologischen und apokalyptischen Bildern fordert vom Leser einige Geduld. Man kommt auf ungewöhnliche Assoziationen und Zusammenhänge, die einem schon deshalb nicht geläufig sein können, weil sich Drewermann eben auch an Texte heranwagt, die in der wissenschaftlichen und in der praktischen Exegese sonst weitgehend übergangen werden. Die eher schwierigen Bibeltexte des letzten Buches des Neuen Testaments kommen gerade hier bei Drewermann ausführlich zu Wort. Der Leser wird frei bleiben, mit den angebotenen Deutungen heilender apokalyptischer Bilder eigenverantwortlich umzugehen. In der Gesamtbeurteilung der »Geheimen Offenbarung« erlaubt die hier vorgelegte, gewagte Exegese allerdings wenig Spielraum. Fern von aller Beliebigkeit schreibt Drewermann in »Tiefenpsychologie und Exegese«, Band II (S. 589ff.), von der bleibenden Wahrheit dieses jüngsten Buches der Bibel. Der historische Irrtum der »Offenbarung« belastet den Exegeten in keiner Weise, die rätselhaften Bilder minutiös zu entfalten und auf tiefenpsychologische Hinweise zu befragen. Kein Buch in der ganzen Bibel habe mit so langem Atem den schwierigen Weg beschrieben, »auf dem ein Mensch aus Angst und Fremdbestimmung zu sich selbst und dem Ursprung seines Daseins zurückfindet« (*TuE, Band II*, S. 590). Drewermann kritisiert in diesem Zusammenhang auch Martin Luther, der bekanntlich trotz seiner theologischen Regel »sola scriptura« (= allein die Schrift) zu diesem biblischen Buch ein extrem distanziertes Verhältnis entwickelt hat. Luther hat dafür gesorgt, daß die Apokalypse in den Kirchen der Reformation über Jahrhunderte ein Schattendasein führen mußte. Diese biblischen Bilder blieben unter der verengten lutherischen Regel »was Christum treibet« dann weitgehend stumm. Drewermann sieht auch hier eine Verarmung von Kirche und deren Exegese. Seine Exegese kann gerade die apokalyptischen Bilder auch in ihrer Nähe zu Märchenbildern nicht übergehen, weil diese symbolischen Hinweise Gottes- und Selbsterkenntnis des Menschen wieder zugleich berühren. Die Tiefenpsychologie nennt er hier »ein ebenso unverzichtbares wie brauchbares Erkenntnisorgan theologischen Verstehens« (*TuE, Band II*, S. 591).

Unter einem besonderen christologischen Interesse wendet sich dieser moderne Ausleger dem zwölften Kapitel der Offenbarung »die Vision von der gebärenden Frau und dem Drachen« zu. Drewermann sieht gerade in diesem wenig beachteten Kapitel zentrale Mitteilungen im Neuen Testament: »Das Bild der Frau selbst, die als schönste der Frauen nach dem Vorbild der Mondgöttin gemalt ist, soll offenbar alles in sich versammeln, was Traum, Poesie und Schönheit die Vorstellungskraft der sublunaren Welt bestimmt; denn es sind gerade diese Schichten der träumenden Seele, denen das ›göttliche Kind‹, das Symbol eines wahren menschlichen Lebens, seine Existenz verdankt. Doch schon die Geburt ist schmerzhaft und mühsam« (*TuE, Band II*, S. 571). Der Leser dieser Andeutungen wird sich schwertun, sich dieser christologisch orientierten Mariologie zu entziehen. Konfessionen, in denen die Gottesmutter als Gebärerin des Kindes und Hinweis auf das Kind dezent übergangen wird, haben Anlaß, Drewermann um so genauer zu lesen, den eigenen Mangel zu registrieren und mit Dank zu reagieren. Das Kapitel 12 der Apokalypse kann als Beispiel für angenehme Überraschungen im Werk des Theologen aus Paderborn genommen werden. Kommt es doch immer wieder vor, daß man beim Lesen dieser umfangreichen Bücher plötzlich bei einer speziellen biblischen Geschichte verweilen kann. Oft werden an diesen schwer zugänglichen Stellen so qualifizierte, ausführliche Auslegungen gar nicht erwartet.

Drewermann gibt Auskunft über seinen Umgang mit der Geschichte, mit seiner Sicht von Heilsgeschichte. Als eine typische Überschrift findet sich im letzten Drittel des umfangreichen Band II: »Die Uneigentlichkeit der Zeit im Felde der Angst oder: Der Augenblick ist wichtiger als die Zukunft« (S. 620). In der Nachfolge des großen dänischen Theologen Kierkegaard liebt Drewermann den Augenblick. Er faßt dann so zusammen: »Es war in dieser Hinsicht ein schöner und gütiger Gedanke der ägyptischen Religion, daß es des Menschen ganzer Segen sei, wenn ihn das Uzat-Auge der Sonne anschaue; denn der Mensch ist selbst gesegnet und ein Segen anderer, in dessen Dasein die Ewigkeit Gottes aufleuchtet in der Zeit und dem die wenigen Jahre seines Daseins durchflutet sind vom Licht der Unendlichkeit« (*TuE, Band II*, S. 624).

Im letzten Teil dieses wichtigen Buches gibt Drewermann eine Übersicht, wie er sich eine sach- und themengerechte Auslegung der Wortüberlieferungen vorstellt. Wichtige neutestamentliche Texte aus Gleichnissen und Parabeln werden im Detail entfaltet. Gut liest sich eine der Schlußbemerkungen in »Tiefenpsychologie und Exegese« Band II: »Die Regel von der lebendigen Mitte aller Worte« (S. 758). Hier kommt der Prediger gegen die Angst auf den Cantus firmus der biblischen Tradition zu sprechen: »Es ist möglich, daß sich im Strom einer religiösen Überlieferung selbst schon mancherlei mißtönende Mißdeutungen, Verrechtlichungen und Ängstlichkeiten eingeschlichen haben – man wird sie überhören müssen und dürfen gegenüber dem Cantus firmus der eigentlichen Botschaft, die in nichts anderem besteht als in einem einfachen Vertrauen in den Ursprung unseres Daseins, der es gut mit einem jeden von uns meint und den man geradezu beleidigt, würde man weiter in der Quälerei der Angst verharren« (*TuE, Band II*, S. 758).

Drewermann bleibt sich darüber im klaren, daß sein exegetischer Ansatz auch mißverstanden und mißbraucht werden kann. So schützt er sich abschließend vor möglichen Fehlinterpretationen und weist auch ausdrücklich (S. 787) auf die Grenzen seiner tiefenpsychologisch gewonnenen Hermeneutik hin. Drewermann gibt so den potentiellen Gegnern sogleich Stichworte wie Gnosis, Enthistorisierung, Wirklichkeitsverleugnung und individualistische Engführung an die Hand. Er gibt auch den schützenden Hinweis, daß er die desolate religiöse Situation der Gegenwart nicht noch befördern will. Der Rückgriff auf die Tiefenpsychologie sei aber unverzichtbar, weil dadurch die Abspaltung des Psychischen rückgängig gemacht und die ursprünglichen Quellen des Religiösen wieder freigelegt werden können: »Keinesfalls betrachten wir die Tiefenpsychologie dabei als eine Universalwissenschaft oder als eine Form von Religionsersatz; im Gegenteil sind wir uns der Grenzen und der Unzulänglichkeit der Tiefenpsychologie gerade angesichts der unendlichen Weite des Mythos durchaus bewußt. Wohl aber wagen wir zu hoffen, daß das tiefenpsychologisch vermittelte Symbolverständnis eines Tages einem tieferen Verstehen der Chiffren des Daseins weicht« (*TuE, Band II*, S. 789). Drewermann kann so bescheiden von seinen theologischen Versuchen reden, weil er weiß, daß die Tiefenpsychologie nur den Bereich des Psychischen erfassen kann. Die Ordnungsstrukturen in Natur und Gesellschaft können von hier aus nicht verändert werden. Es geht hier nur um Hilfsmittel, um ein Floß zur Überquerung eines Stroms. Mit Buddha rät

Drewermann, das Floß am anderen Ufer liegenzulassen, und es nicht als Last auf dem Kopf weiterzutragen. Hiermit wird indirekt die Vorläufigkeit dieser Interpretationsversuche eingestanden und angedeutet, daß weitere umfangreiche Bücher folgen werden.

4. Neue Zugänge zur Bibel

Drewermann hat auch als ein stiller Ausleger der biblischen Bücher in der Zwischenzeit für einige Überraschungen gesorgt. Die Entstehung seines neuen Kommentars zum Evangelium nach Matthäus hat noch etwas auf sich warten lassen. Der Theologe, Bibelausleger und Prediger befaßte sich seit längerem mit dem ersten Evangelium des Neuen Testaments. Seine früheren Arbeiten »Bilder von Erlösung« zum ältesten Evangelium nach Markus haben den gleichen Prediger gegen die Angst im Hintergrund. Ende der 80er Jahre lagen beide Markus-Bände im Druck vor. Band I erlebte 1991 seine 7. Auflage und Band II im gleichen Jahr die 4. Auflage.*

Bilder von Erlösung

Auch als Bibelausleger hat Drewermann mittlerweile nicht nur Zustimmung und Anerkennung erfahren. Seine deutliche Infragestellung bewährter Auslegungsmethoden, die Überraschung eines neuen Zugangs und schlicht menschlicher Neid begleiten diesen frommen, unkonventionellen Exegeten. Es ist nicht wahr, daß er die vertraute historisch-kritische Methode verlassen und beiseitegeschoben hat. Diese lieb gewordene Methode wird von Drewermann heute als selbstverständlich vorausgesetzt. Der Unterschied zur gängigen

---

* Eugen Drewermann: Das Markusevangelium, Bilder von Erlösung, erster Teil: Markus, 1,1 bis 9,13, 656 Seiten, 1987 im Walter-Verlag Olten und Freiburg im Breisgau.
Das Markusevangelium, Bilder von Erlösung, zweiter Teil: Markus 9,14 bis 16,20, 798 Seiten, 1988 im Walter-Verlag Olten und Freiburg im Breisgau.

Bibelauslegung liegt eher darin, daß eine aktuelle, zeitgemäße und verstehbare Bibelauslegung beim nur historisch-kritischen Befund nicht stehenbleiben kann. Die zusätzlichen ergänzenden Deutungen aus der Religionsgeschichte, Deutungen von Bildern, von Symbolen und von Träumen aus tiefenpsychologischer Sicht bringen alte Texte auf eine überraschende Weise neu zum Sprechen, transportieren »Bilder von Erlösung« in die Gegenwart. Dabei bleibt die Einmaligkeit des Jesus Christus durchgehend der rote Faden.

Die Impulse dieses überraschend fruchtbaren Ansatzes können in den beiden Markus-Bänden leicht nachgelesen werden. Es gilt zu sehen, daß die Bibel als historisch greifbares und als geschichtlich überprüfbares Buch Drewermann so gut wie nicht interessiert. Er wird nicht müde, diesen Akzent auch deutlich und provozierend zur Sprache zu bringen. In der gesamten Bibel gibt es nur zwei Bücher, die unter historischem Aspekt ergiebig sind: 1. Chronik und 2. Chronik. Es wundert dann nicht, daß dort der Verkündigungswert in engen Grenzen bleiben muß.

Erlaubten die Bilder von Erlösung überhaupt eine naive historische Deutung? Die Evangelien werden weder zu Geschichtsbüchern noch zu Märchen-Erzählungen unter der Überschrift »Es war einmal«. Die evangelischen Bilder haben auch Hintergründe in realer, erfahrbarer Geschichte. Sie interessieren so jedoch nicht primär in ihren eher bescheidenen, historisch greifbaren Mitteilungen. Viel wichtiger sind die seelische Betroffenheit beim Erzähler damals und heute, die existentiell den heutigen Leser und Hörer ebenfalls berühren können. Der Zusammenhang zwischen historischen Fakten und der unverfügbaren Offenbarung mag manchem als zu locker erscheinen. Drewermann hat aber recht, die Bedeutung des Heils zusammen mit dem erfahrbaren Vorgang von Heilung in die jeweilige Gegenwart zu verlegen. Die Polemik, daß er den historischen Jesus für sein System gar nicht benötige, verfehlt den Kern seiner theologischen Aussage. Jesus von Nazareth als die entscheidende einmalige Gestalt in der gesamten jüdisch-christlichen Tradition behält für Drewermann zentrale Bedeutung. Im ersten Markus-Kommentar (S. 541) bezeichnet er Jesus unter anderem »als die wohl rätselhafteste Gestalt der gesamten Menschheitsgeschichte«. Gleich zu Beginn des Markus-Evangeliums (2,12) sagen Zeugen einer überraschenden Heilung ganz ähnlich: »Wir haben so etwas noch nie gesehen«. In der Tradition der bewährten Mystiker möchte Drewermann genau hier anknüpfen. Er versteht es, diese Rätsel um die Offenbarung des Jesus von Nazareth konstruktiv und produktiv zu deuten.

Markus als sprechendes Beispiel

Mit einer qualifizierten Exegese steht und fällt die Predigt der Kirche. Das hat man bereits im Theologiestudium mühsam gelernt und später als Pfarrer oder als Pfarrerin in die Praxis zu übertragen versucht. Es muß an Fleiß und an Eifer bis hin zur anstrengenden Beschäftigung mit den biblischen Urtexten gar nicht gefehlt haben. Man kann sogar Hebräisch und Griechisch gelesen sowie »dem Volk aufs Maul« geschaut haben. Die Umsetzung der Exegese in die kirchliche Praxis und in die Praxis des Lebens, war dann doch meist viel schwieriger als erwartet. Es gab Frust, Enttäuschung, Resonanz- und Echolosigkeit eigener Art. Exegetische Richtigkeiten interessierten im wörtlichen Sinn so gut wie keinen Menschen. Man provozierte falsche Fragen oder gab gleich Antworten auf Fragen, die an sich kein Mensch in der Gegenwart gestellt hätte. Der biblische Text konnte trotz Eifer und trotz geschützter frommer Sprache stumm bleiben. Die Predigt der reinen Leere wirkte ermüdend und langweilig. Es bewegte sich nichts. Die Predigt wirkte steril und wenig attraktiv, nicht einladend, eher abstoßend. Menschen stimmten nicht selten mit den Füßen ab, ob sie weiter Predigthörer bleiben wollten.

Texte der Bibel können auch heute anfangen, neu und aufregend zu reden. Alte Texte werden jung, lebendig und überraschend aktuell. Drewermann gehört zu den wenigen Theologen in der Gegenwart, denen es gelingt, alte biblische Texte für den Zeitgenossen mit Mitteln der Religionsgeschichte und der Tiefenpsychologie zum Sprechen zu bringen. »Bilder von Erlösung« werden plastisch und mitteilsam durch moderne Methoden. Texte erzählen nahezu unvermittelt vom Heil. Drewermann geht dabei originelle, eigene Wege, die in dieser Zuspitzung und Konsequenz so sicher noch selten begangen worden sind. »Bilder der Erfüllung« bestimmen den Weg.

Es dürfte kein Zufall sein, daß die beiden großen Werke »Tiefenpsychologie und Exegese« einige Jahre dem Markuskommentar vorausgegangen sind. Handwerkszeug aus dem religionsgeschichtlichen Umfeld war hier bereitgestellt worden. Es ging um die Stichworte Traum, Mythos, Märchen, Sage und Legende. Später kamen hinzu: Wunder, Vision, Weissagung, Apokalypse, Geschichte und Gleichnis (siehe oben). Mit diesem erinnernden Querverweis wird nochmals deutlich, mit welcher Gründlichkeit und Genauigkeit dieser Theologe im Detail an die Arbeit geht. Im Vorbeigehen lassen sich hier Rezeption und Kritik wirklich nicht erledigen. Die seriöse Auseinandersetzung mit diesem produktiven Querdenker steht trotz gegenteiliger Behauptung noch bevor. Eilige, devote Kritiker Drewermanns werden solche Erinnerungen ertragen müssen. Gerade aufgebrachte Vertreter der lehramtlichen Kirche haben es bisher noch nicht für nötig befunden, sich mit diesen exegetischen Ansätzen adäquat theologisch auseinanderzusetzen.

Mit den beiden Markus-Büchern habe ich einige Praxiserfahrungen gemacht, die ich in diese Analyse wieder andeutungsweise einfließen lassen möchte. Ich hatte, über vier Wochen verteilt, acht Predigten zu halten. Bei der exegetischen Vorbereitung hatte ich im synoptischen Vergleich immer wieder Drewermann zu Rate gezogen. Bei einer Thema-Predigt über Johannes 16 – »in der Welt habt ihr Angst« – hatte ich es riskiert, aus der theologischen Werkstatt des Eugen Drewermann direkt ein wenig zu erzählen. Mir fiel sofort auf, daß schon beim Nennen des Namens ein Leuchten durch die überfüllte Kirche ging. Über solche überraschenden Erfahrungen lohnte es sich schon, ein wenig nachzudenken und gerade den Predigern die beiden Markus-Bücher ans Herz zu legen.

Gründliche exegetische Arbeit für die Predigt – das könnte schon ein lohnendes Ziel sein. Wenn man diesen durch und durch glaubwürdigen Prediger im sonntäglichen Hochamt in Paderborn zuhörte, dann merkte man etwas vom theologischen Eros, vom tiefen Ernst dieser ungewöhnlichen Priester-Biographie. Dieser Exeget und Priester stand bewußt auch als Theologe in der Gemeindepraxis. Der kritische Umgang mit den biblischen Texten hatte hier die Praxisbewährung bereits hinter sich. Dabei weiß Drewermann als langjähriger Subsidiar (Hilfskaplan) in einer Pfarrgemeinde, wie krank und hohl der christliche Gottesdienst, erstarrt in Sprachspiele, in Riten und Formeln. Über die erstarrten Rituale, über liturgische Formeln hinaus, über Bilder und Gesten hinaus bringt er Texte neu zum Reden. Als überraschter Zuhörer kann man den Eindruck bekommen, dieser Priester-Prophet sei beim Auszug aus Ägypten oder bei der Tempelreinigung in Jerusalem selbst dabeigewesen. Bei einem Theologen, der mit dem Handwerkszeug aus der Tradition des Sigmund Freud und des Carl Gustav Jung Exegese treibt, dürfte ein solcher Eindruck gar nicht so falsch sein.

Drewermann hat dem ältesten und kürzesten Evangelium einen langen Kommentar von mehr als 1400 Seiten gewidmet. Exegese hat es dazu natürlich in seinen früheren Werken auch gegeben. Mit Markus hatte Drewermann jedoch neu ausgeholt und gezeigt, daß er gerade nicht beliebig und selektiv mit der Bibel umgeht, sondern vielmehr systematisch geordnet Zusammenhänge in großen heilsgeschichtlichen Linien erfaßt. Es geht ihm um Bilder des Heils als Erlösung aus der lähmenden Angst, um »die unheimliche Eingeschlossenheit und Verschlossenheit des menschlichen Daseins im Getto der Angst« aufzubrechen. Es geht ihm darum, »die Gnadenlosigkeit der Gottesferne« zu überwinden, um ein Dasein und um ein »Sein-Dürfen in der Nähe Gottes« zu ermöglichen (*Markus I*, S. 11).

Drewermann ist in seinen umfangreichen anstrengenden Büchern auch für den wohlwollenden Leser mitunter schwer zu erfassen. Schon wegen des Umfangs verbietet sich jede Andeutung von Nacherzählung. Wer Auslegung der Schrift als eine anspruchsvolle Homilie definiert, der verlangt dann etwas mehr als die Kenntnis alter Sprachen, als die Nacherzählung und den braven Transport von exegetischen Richtigkeiten fern vom Leben. Dieser Meister der Bibelauslegung sagte einmal: »So wie man ein Gedicht eigentlich erst dann wirklich verstanden hat, wenn es im eigenen Innern eine Resonanz erzeugt, die sich selber zu einem neuen Gedicht formt, so kann man ein Wort Gottes nur verstehen, wenn sich darunter die eigene Existenz zum Ort seiner Wahrheit verdichtet« (*Markus I*, S. 108).

Genau hier hält Drewermann die Tiefenpsychologie für unverzichtbar, soweit sie Erfahrungen freisetzt, die hinter den biblischen Erfahrungen und Texten stehen. Für die Erfassung religiöser Tiefendimensionen bedeuten ihm die neutestamentlichen Heilungsgeschichten auffallend viel. Allein im ersten Markus-Kommentar reflektiert er 16 Heilungsgeschichten, die dann diesen sensiblen Theologen mitunter mehrere Kapitel lang beschäftigen. Eine besondere Stellung hat dabei Markus 5, wo ihn der Besessene von Gerasa mit dem zunächst so rätselhaften Schweinemord gar nicht mehr loszulassen scheint. Bilder von Erlösung schlagen sich nieder in Bildern von Befreiung und von Heilung. Es ist nützlich, den psychosomatischen Zusammenhängen hinter den neutestamentlichen Berichten jeweils besonders Aufmerksamkeit zu widmen. Man kann hier Drewermann auf weiten Strecken gut folgen, ohne in einen flachen Psychologismus oder in eine Pseudomedizin zu geraten. Bei dieser zunächst fremden Form von Exegese könnte ja auch die Aufklärung mit modernem Werkzeug, das vor 200 Jahren noch in weiter Ferne gelegen hat, späte Siege feiern. Man fragt sich manchmal schon, warum die Frontlinie gegen die historisch-kritische Forschung mitunter so scharf gezogen werden mußte. Es gibt bei Drewermann auch Vorwürfe gegen den religiösen Irrweg und gegen den Krebsschaden der *nur*historisch-kritischen Methode. Das muß bei ihm so gesagt werden, soweit die Exegese bei den Formalschritten stehen bleibt und den Menschen innerlich nicht bewegt.

Das Kerygma wurde von der Bultmann-Schule zu einseitig geschützt. Drewermann greift diesen theologischen Ansatz unter dem Verdacht einer Engführung an. Er beklagt den erkennbaren Verlust an Erfahrung im Zuge dieser Interpretation. Die alleinige Frage nach der Historizität der Texte bleibe letztlich unfruchtbar. Eine Versöhnung zwischen der historisch-kritischen Exegese und den Humanwissenschaften stehe noch aus. Hier haben sich bereits kritische Anfragen an Drewermanns Neuansatz ergeben. Hans-Martin Barth (Marburg) hat zum Beispiel in der »Theologischen Literaturzeitung« (Nr. 4/1988) hierzu einige Fragen an Drewermann formuliert. Barth fragt betont realitätsbezogen »jenseits aller Träume«. Barth macht folgenden Hinweis: »Auferstehung ist nicht nur ein Traum, in den hinein Menschen schon immer sich verlieren konnten. Auferstehung hat vielmehr mit Zerfall und Verwesung, mit Leichen und Leichengeruch zu tun« (ThLZ Nr. 4/88, S. 252). Drewermann wird diesen seriösen Anfragen nicht ausweichen. Es ist zu bedauern, daß auffallend selten Anfragen dieser Qualität ihn erreichen.

Es sollte in diesem Zusammenhang nicht verschwiegen werden, daß Drewermanns Zugang zu den biblischen Texten für die evangelische Exegese auch mißverständliche Momente

enthalten kann. Man sollte nicht so tun, als ob diese Verleben-
digung teils vertrockneter Quellen einhellig begrüßt würde.
Wenn ein Mensch unter diesen alten Texten zu sich selbst und
damit zu Gott findet, dann könnten schon schwerwiegende
Verwechslungen passieren. Ob Selbstfindung und Gottfindung wie bei den christlichen Mystikern so unvermittelt in
den gleichen Vorgang verlegt werden können? Vielleicht
würden solche Anfragen in Paderborn gar nicht landen. In
einem persönlichen Gespräch hat Drewermann das einmal so
ausgedrückt: »Ich glaube, daß Selbstfindung den Weg und
Gottfindung die Voraussetzung ein und desselben Vorgangs
darstellen«. Wer solche Sätze verwirft, der müßte sich auch
aufmachen, mit den christlichen Mystikern nachträglich ver-
nichtend abzurechnen.

Der äußere Umgang mit den beiden Markus-Bänden bringt
auch einige Probleme mit sich. Für das Lesen in einem Stück
werden vielen Menschen Zeit und Lust nicht automatisch zur
Hand sein. Schon für ein einzelnes Kapitel müßte man mei-
stens Vorkenntnisse oder auch Parallelaussagen aus anderen
Büchern zur Verfügung haben. Es kommt hinzu, daß eine
Bearbeitung der Drewermann-Bücher durch Register kaum
gegeben ist. Detaillierte Namen- und Sachregister fehlen nahezu ganz. Am ausführlichsten stehen die Register für Bibel-
stellen zur Verfügung. Die Literatur wurde summarisch nur
unter Themengebieten erfaßt. Kritiker haben beobachtet, daß
die bearbeitete Literatur auch Lücken aufweist. Es fällt auf,
daß manche Autoren häufig zitiert werden, während andere
höchst selten oder gar nicht vorkommen. Starke Beachtung
finden zum Beispiel Sören Kierkegaard, Eduard Schweizer,
Joachim Jeremias, Martin Buber und Schalom Ben-Chorin.
Skeptischer begegnet man einer Zitierung von Ethelbert
Stauffer. Es kommen auch Karl Barth, Rudolf Bultmann und
Paul Tillich zu Wort. Dietrich Bonhoeffer wird aus Respekt
nur ganz vorsichtig und selten erwähnt. Im zweiten Markus-
Band wird die anerkannte Mythos-Forschung von Kurt

Hübner (Kiel) aufgenommen. Manche Kritiker haben sich bemüht, übergangene Literatur aufzuzählen, was aber eher kleinkariert ausfallen mußte. Da die Einzelregister zu Namen weitgehend fehlen, sind hier Vorlieben und Ungleichgewicht im einzelnen schwer nachzuweisen. Sachregister wären eine große Hilfe im Umgang mit diesen gewichtigen Büchern. Wenn es wenigstens Stichworte wie Angst, Schuld, Sünde, Krankheit, Neurose, Tod, Vertrauen, Glaube usw. gäbe.

In beide Bände wurden einige künstlerische Darstellungen aufgenommen wie Ikonen, Gemälde und Symboldeutungen. Es gab nur wenig Raum für diese Anreicherung. Emil Noldes »Christus und die Kinder« paßt so gut in den Band II zu Markus 10, daß er zu einer eigenen Botschaft wird. Die Lektüre der einzelnen Kapitel lohnt sich auf jeden Fall, wenn man sich nicht scheut, Nachbarkapitel, Anmerkungen und Querverweise mitzulesen. Zu Markus 5 sollte der Leser als einführende Leseprobe greifen. Der Autor sagt selbst: »Im ganzen Neuen Testament begegnen wir keiner Darstellung von solch unheimlicher Zerrissenheit, Ohnmacht und Ausgeliefertheit«. Die Auslegung der Bilder fällt dann entsprechend aus. Der historische Wert dieser Erzählung dürfte bei Null liegen.

Zu Markus 8 über das Messiasbekenntnis kann man einer sensiblen, anspruchsvollen Exegese folgen. Der Abschnitt beginnt mit der Vorstellung des einzigartigen Menschen Jesus von Nazareth »als die... wohl rätselhafteste Gestalt der Menschheitsgeschichte« (*Markus I*, S. 541). In der Nachfolge geht es dann auch um die Befreiung aus der Angst. Der Kern der Erlösung deutet sich an, wenn die lebensbedrohende Angst zurückweicht. Aus Angst verbreiten Menschen wieder Angst, die krank und böse macht. Das gilt bis hin zu den großen und den kleinen Diktatoren der Vergangenheit und Gegenwart: »Es hat keinen Zweck, über andere Menschen herrschen zu wollen, nur weil man mit dem eigenen Leben nicht zurechtkommt« (*Markus I*, S. 582).

So zeigt sich diese unkonventionelle Markus-Exegese als ein

frommes Buch: »Der Ostermorgen beginnt mitten im Leben, längst vor dem Tod« (Markus I, S. 611). Der Mensch zwischen Angst und Erlösung hat eine hohe Bestimmung fern von Hoffnungslosigkeit und Nihilismus: »Nur der Ausblick auf die Ewigkeit läßt uns an der menschlichen Würde festhalten; nur diese Hoffnung gibt uns die Kraft, die Liebe für wirklich zu halten; und nur sie verleiht uns die Energie, jeder Form von Unmenschlichkeit zu widersprechen« (*Markus I*, S. 571). Diese Exegese vermittelt Wärme in einer kalten Kirche.

Von der Angst zum Vertrauen

Zusätzlich bietet Drewermann eigene Übersetzungen für die Hebräische und für die Griechische Bibel. Möglichst nahe am jeweiligen Urtext erhalten die Verben eine zentrale Stellung. Die auffallende Divergenz zwischen der Gassensprache und dem deutschen akademischen Sprachgebrauch stört nicht. Die knappen Sätze unterstreichen deutlich den Erzählcharakter des Evangeliums. Die Wortfolge dürfte teils bewußt der aramäischen Umgangssprache nachempfunden sein. Der Exeget hört dabei nicht primär auf Stauffer. Bewährte Neutestamentler wie Günther Bornkamm, Martin Dibelius, Eduard Lohse und andere werden ebenfalls herangezogen. Wer unbedingt »meckern« möchte, kann auch feststellen, daß der Autor auch sich selbst häufig zitiert. Ein Theologe, der bereits so viel Qualifiziertes publiziert hat, bleibt auf solche Querverweise notgedrungen angewiesen. Die Dienste des Kittelschen Wörterbuches zum Neuen Testament werden erkennbar genutzt. Der Strack-Billerbeck – die Kommentare zum Neuen Testament aus Talmud und Midrasch – werden spürbar ausgewertet. Solche Hilfsmittel erweisen sich als unverzichtbar, wenn man sich auf Kontext und Umwelt Jesu so intensiv einläßt.

In *Markus Band II* wird sich mancher Leser schwer von den Kapiteln 9 und 10 trennen können: »Wer dieses Kind aufnimmt...« Ob hier der Brennpunkt der gesamten evangelischen Überlieferung durchscheint? Jesus und die Kinder – dieser Zusammenhang könnte wohl der Höhepunkt dieses wohl umfangreichsten Markus-Kommentars umschreiben, der jemals verfaßt worden ist. In *Markus II* (S. 41) schreibt Drewermann zu »Jesus und die Kinder«: »Auch wenn uns aus dem Leben Jesu nichts weiter überliefert worden wäre als nur diese eine Szene des Markus-Evangeliums, so würden wir doch alles, was Jesus war und wollte, aus diesem wenigen bereits auf das vollkommenste zu begreifen vermögen«. Das war es dem Exegeten des Vertrauens wert: Jesus nahm ein Kind, er umarmte das Kind, Jesus hob es in die Höhe und nahm es als Vorbild für die anmaßenden, abweisenden Jünger. Bei diesem wunderbar erhöhten Kind geht es um das Ganze: die Herzen in die Höhe. Kritiker Jesu beginnen bereits zu diesem Zeitpunkt, Jesus wegen seiner provozierenden Menschlichkeit zu hassen. Dieses einfache kindliche Vertrauen sorgte für Ablehnung, für Feindschaft und für Haß. Der Mensch schafft es wohl zu keiner Zeit, das Kind in sich anzunehmen. Diese Exegese mag zunächst verfremdet und fremd klingen. Rechtfertigung deutet sich in den kleinen Schritten an: von der Angst zu einem kindlichen Vertrauen. Kritik an dem protestantischen Katholiken aus Paderborn ausgerechnet aus der lutherischen Tradition sollte an solchen Stellen erst recht behutsam vorgehen und vorsichtig argumentieren. Sie sollte bewußt unterbleiben.

Markus Kapitel 10 über die Ehescheidung und über den Umgang mit Kindern zeigt etwas von der Stärke und der Souveränität dieses Kommentars. Ungewöhnlich scharfe, treffsichere Fragen an legalistische, menschenverachtende Umdeutungen des Evangeliums ergeben sich zwangsläufig. Man kann eben nicht an den Gott der Bibel glauben und gleichzeitig die Geschöpfe dieses Gottes verachten. Man liest hier gerne weiter und stört sich nicht an der deutlichen Feststellung, daß die Güte Gottes den Menschen durch die Güte von Menschen begegnet. Wo sollte sie eigentlich sonst begegnen?

Gottvertrauen und Selbstvertrauen rücken nahe zusammen. Die Heilung des Bartimäus (Markus 10,46 ff.) wird mit tiefenpsychologischen Beobachtungen vorsichtig entfaltet und gedeutet. Der Zusammenhang zwischen Medizin, Psychotherapie und Religion sei mit den Händen zu greifen. Unauffällige äußere Beobachtungen werden nach innen gekehrt und erhalten als Symbole der Seele eine eigene Bedeutung. Erfahrungen des Herzens und Berichte besonderer Betroffenheit überragen alle historischen Details. Texte werden in ihrer Tiefendimension gedeutet und erreichen den angesprochenen Menschen jenseits der Oberfläche.

Nur das kindliche Gottvertrauen kann den Teufelskreis der Angst zerbrechen. Gnade wird in diesem Kreis des Teufels allein durch Glauben erfahren und erlebt. So redet diese Exegese des Evangeliums von Christus auf den Spuren der Rechtfertigung, auf den Spuren des ›solus Christus‹ (= allein Christus), des ›sola fide‹ (= allein durch den Glauben). Die Nachricht von der bedingungslosen Annahme – ›sola gratia‹ (= allein aus Gnade) – des Menschen muß Schriftgelehrte und Hohepriester aller Zeiten ärgern und reizen. Jesus mußte hierbei in einen gefährlichen Konflikt geraten, den Drewermann mit modernen Mitteln nachzuzeichnen versteht. Es fällt auf, daß diese sorgfältige Exegese, die lieber einmal zuviel zur Vorsicht und zur Rücksicht rät, und in den ethischen Konsequenzen recht deutlich redet. Im Gleichnis von den Weingärtnern (Markus 12) heißt es: »Die entscheidende Frage wird lauten, wieviel an Frucht wir zu bringen vermochten und wieviel Süßigkeit des Lebens wir weiterzugeben imstande waren« (*Markus II*, S. 244). Auch hier wird Jesu elementare Sprache nachgezeichnet, seine Liebe zu den kleinen

Dingen herausgestellt, weil vor der großen Liebe nichts klein bleiben kann. Zeichen der Liebe Gottes werden neutestamentlich gesehen nahezu überall sichtbar: die Lilien, der Regen, der Sonnen-Untergang, das Kornmahlen, das Brotbakken, das Hüten der Schafe. Die Zeichen von Brot und Wein erhalten eine eigene Heilsbedeutung. Auch Tiere können dem Menschen zeigen, was es heißen könnte, Gott zu vertrauen und sich nicht zu sorgen.

Spuren der alles umfassenden Liebe Gottes läßt diese sorgsame Exegese wider die Angst immer wieder aufleuchten. Man möge diesen Umgang mit dem Evangelium nicht für naiv und harmlos halten. Eine gezielte und gewollte Naivität kann auf ihre Weise gefährlich werden, wenn kleine Geister verunsichert nach Autoritäten rufen, die neue Angst bringen, die Lebensfreude ersticken, das Leben bedrücken oder gar erdrücken. Trotzdem soll es sich gerade in dieser Zeit nicht lohnen, vor »Soldaten, Polizisten oder Priestern« Angst zu haben. Wer meint, daß etwas Subversives in diesem Eingehen auf Markus anklingt, der dürfte so falsch nicht liegen: »Wir sollten unser Leben nicht vertun, indem wir an die Macht von Menschen glauben. Es gibt nur eine Macht, sehr sanft, sehr stark, in unserem Herzen – die Macht der Liebe Gottes. Sie ist imstande, Eis zu schmelzen, Eiszeiten zu beenden und in Wüsten Wälder anzupflanzen. Die Sanftmut ist die fruchtbarste Gewalt der Erde« (*Markus II*, S. 270). Die starken Bilder des ältesten Evangeliums werden so plastisch in poetischer Sprache entfaltet. Da wird auch vom Wunder der leeren Hände geredet, von der Befreiung zur Armut in der Nachfolge Jesu. Mag jemand einwenden: Das habe weniger mit Exegese als mit Willkür und mit freier Nachdichtung zu tun. Je länger man Drewermann hier folgt, desto schwieriger dürfte jedoch die Distanz werden.

Die Formulierungen gelingen treffend und aussagestark. Entfernung vom biblischen Text muß hier nicht zwangsläufig folgen, wie manche belehrende Kritiker meinen. Die Frage, ob ein Exeget auch Betroffenheit zeigen darf, beantwortet sich in diesen Büchern eigentlich von selbst. Bilder von Angst werden so vielfältig entwickelt. Angst in Form der Unterdrückung und der Erniedrigung anderer Menschen hat mit Macht zu tun. Zu Markus 13: »Es ist und bleibt die ewige Frage der menschlichen Geschichte, von welchen Mächten wir uns letztlich bestimmen lassen. Einzig die Liebe ist imstande, einen Menschen als göttlich zu erkennen, und einzig die Angst ist imstande, einen Menschen zum Gott zu erheben; an diesen beiden Möglichkeiten entscheiden sich Himmel und Hölle« (*Markus II*, S. 359).

Die Exegese von Markus 14 führt mit gezielter Genauigkeit in die Einsetzung des Abendmahls ein. Drewermann redet von der Eucharistie als »Zeichen des Todes und des Lebens«, vom »Geschenk seiner Liebe«. Drewermann deutet Szenen des Evangeliums im vertrauten Gesamtrahmen »der begnadeten Angst« (Gethsemane). Jesus schenkt sich seinen Freunden, die durch seine Hingabe beschenkt und verwandelt werden. Bilder der jüdischen Frömmigkeit, des Passafestes, speziell der Psalmen werden einbezogen.

Jesus unterscheidet sich von seiner Umgebung nicht nur beiläufig. Fesseln und Ketten passen nicht zur Grundmelodie des Evangeliums. Im Teufelskreis der Angst kann eben kein Mensch zu sich selbst und auch nicht zur Mitwelt gut sein. Im Markus-Evangelium lassen sich Spuren verfolgen, wie Angst verwandelt und überwunden werden kann, wie »der wunderbarste Mensch, der je auf diesem Planeten gelebt hat«, Ängste zerbrochen hat.

Gute Kreuzestheologie spricht durch die Exegese von Markus 15 hindurch. Manche Wendung erinnert an die sensible Frömmigkeit des Dichter-Theologen Paul Gerhardt (1607 bis 1676): »Wenn mir am allerbängsten wird um das Herze sein, so reiß mich aus den Ängsten kraft deiner Angst und Pein« (EKG 63,10). Der Messias mußte sterben wegen der todbringenden Angst der Menschen: »Der wahre König Israels ist

tot. Und tot ist mit ihm alles, was groß und gut und menschlich heißen kann. An dem, was wir sind, mußte er zugrunde
gehen« (*Markus II*, S. 625). Die Bodenlosigkeit der Angst
wirft lange Schatten: »Das Furchtbarste an unserem Leben ist
nicht so sehr, daß wir nicht guten Willens wären; vielmehr
daß wir in unserer Angst nicht gut sein können und sich sogar
unser bestes Wollen, Denken und Erkennen in die falsche
Richtung hin verbraucht – das macht unser gesamtes Dasein
so quälend bösartig und aggressiv« (*Markus II*, S. 632). Drewermann bleibt auffallend wortkarg in diesen wichtigen Andeutungen, die wieder an Luther erinnern, weil auch Markus
selbst kein kommentierendes Wort zur Leidensgeschichte
Jesu sagt. Der mitunter erhobene Vorwurf eines neuen Anti-
judaismus in der Exegese Drewermanns wirkt dabei künstlich
und herbeigeholt. Es könnte sich sogar, wie mir scheint, um
gezielte Unterstellungen handeln.

Aus dem Kreuz kommt Heil: »An sich ist das Kreuz das Zeichen für das Schändlichste und Gemeinste, das wir Menschen
einander antun können; aber wenn selbst das Kreuz die
Macht verliert zu ängstigen, dann endlich können wir in
Wahrheit anfangen, als Menschen zu leben, dann gibt es
nichts mehr, vor dem wir seither noch ausweichen müßten«
(*Markus II*, S. 659). Heil und Erlösung werden nach Gethsemane umschrieben als Befreiung aus der Angst. So fern dürfte
das von der *theologia crucis*, die Martin Luther so wichtig
war, gar nicht liegen. Kritiker haben Drewermann unterstellt,
er leugne das Kreuz Christi, er würde den Kreuzestod nicht
brauchen und damit das Kreuz verharmlosen in einer nur
symbolischen Deutung.

Die Auslegung zu Markus 16 (»Die Botschaft der Frauen –
das Wissen der Liebe«) umschreibt das Wunder von Ostern
als das Wunder der Überwindung von Angst: »Die Botschaft
des Ostermorgens schenkt uns die Unzerstörbarkeit der
Freude hier in diesem Leben. Sie gibt uns den Geschmack am
Leben jetzt zurück. Sie schenkt uns die Kraft, diese wenigen

Jahre unseres irdischen Lebens so zu führen, daß wir Jesus wieder begegnen in jedem Menschen, gemeinsam unterwegs mit ihm auf dem Weg zum Himmel« (*Markus II*, S. 696). Drewermann redet am Schluß dieses Markus-Kommentars bildhaft und vorsichtig zugleich. Es geht um Erfahrung, »die es erlaubt, Gräber leer zu sehen«. Dabei geht es gerade nicht um Auskunft über ein nachweisbares leeres Grab am Ostermorgen, über menschliches Leben nach dem Tod. Entscheidend ist, daß der Tod die neue Einstellung zum Leben nicht mehr brechen kann. Die Schreckensherrschaft des Todes hat durch Jesus Christus ihr Ende erfahren. Die Allmacht der Angst ist im Kreuzestod Jesu zerbrochen. Den Lebenden kann man gar nicht mehr bei den Toten suchen: »Der Weg der Frauen vom Grabe weg nach Galiläa ist die letzte, endgültige Umkehr unseres Lebens, die wir nur lernen konnten durch das Sterben Jesu. Es ist seine und unser aller Auferstehung. Seit diesem Morgen sind wir eingetreten in ein unsterbliches Leben« (*Markus II*, S. 718).

Mag der kritische Leser die Exegese in den letzten Kapiteln besonderer Prüfung unterziehen. Im Zusammenhang mit den vorausgegangenen Kapiteln werden Karfreitag, Ostern und Himmelfahrt als Bilder gedeutet und verstanden. Die »Bilder von Erlösung« gehen eben nicht auf fotomechanisch greifbare Ereignisse zurück. Diese Bilder von Erlösung werden eingeordnet in eine überlegte Sicht von Heilsgeschehen und von unverfügbarer Heilsgeschichte. Behutsam werden auch Psalmen zur erklärenden Begleitung herangezogen, die einen »Schutzort der Geborgenheit« umschreiben. Das letzte Kapitel über Himmelfahrt läßt viele Bilder einfach stehen und auf den Leser wirken. Befreiung aus der Angst wird auch hier als hoher Wert angesehen. Befreiung aus der Angst gibt »Abstand von den Dingen«. Hier kommt christliche Freiheit ins Spiel. Von Gott geliebte und befreite Menschen entwickeln Distanz, Gelassenheit und einen neuen Geschmack am Leben. Als Vermächtnis Jesu versteht Drewermann den Schluß des Evangeliums nach Markus: »Es sollte nie anders mehr von Gott die Rede sein, als daß es Menschen intensiver, angstfreier, glücklicher leben läßt, heil und gesund an Leib und Seele. Der Glaube an Gott als gelebte Psychotherapie und der Weg unserer Selbstfindung als Weg zu Gott – diese gültige Verbundenheit zwischen Gott und Mensch war alles, was Jesus lebte und lehrte, sein bleibendes Vermächtnis« (*Markus II*, S. 738).

Die seriöse Kritik an Drewermann wird sich nach der Lektüre dieses Kommentars zunehmend schwer tun. Verkürzung des Evangeliums kann hier wohl kaum unterstellt werden: »Nicht eine einzige Hoffnung, die an den Ufern des Sees Genesaret zu blühen begann, ist durch den Tod Jesu widerlegt. Widerlegt ist im Gegenteil die Schreckensherrschaft des Todes, die Allmacht der Angst, die Satanei der »Aber«-Geister, und begonnen hat das Reich der Liebe, des Vertrauens und der Menschlichkeit« (*Markus II*, S. 718). Solche Bibelauslegung schafft neue Zugänge zu dem alten Buch. Wer die Bibel nur als historischen Bericht lesen wollte, der wird mit Drewermann wenig anfangen können. Er wird ihn gar nicht brauchen. Die heilende Kraft der Bilder und die aktuelle Verstehbarkeit werden auf der Strecke bleiben.

Einen fundamentalistischen Umgang mit den Evangelien hat dieser anspruchsvolle Exeget nicht berücksichtigt. Das ist nicht als Schwäche zu verkaufen. Die Bibel berichtet zuerst Betroffenheiten, Zeugnisse des Glaubens, die heute mit Hilfen aus der Tiefenpsychologie und aus der Existenzphilosophie zum Sprechen gebracht werden.

Manches mag in dieser Deutung recht einfach klingen. Das Niveau bleibt trotzdem hoch. Anspruchsvolle Bibelauslegung gegen Ende des 20. Jahrhunderts könnte so sprechen und neu verstanden werden. Der Fachmann aus der biblischen Wissenschaft wird manche Formulierung für zu glatt halten. Der große wissenschaftliche Apparat mit den teils umfangreichen Anmerkungen wird vieles ergänzend und weiterführend beantworten. Es kann ohnehin nicht schaden, frühere Arbeiten des Bibelauslegers Drewermann ergänzend zu Rate zu ziehen.

Drewermann hat sich als ein Meister der Bibel-Auslegung in einer theologisch eher sterilen und in einer spirituell verarmten Zeit um die wenig bekannte Bibel verdient gemacht. Möge er vor kritischem Geschwätz geschützt bleiben und endlich theologisch seriös angefragt werden. Auf Unfehlbarkeit hat er diese Exegese nicht anlegen können und wollen. Zwischenrufe aus Angst, aus Neid und aus Mißgunst sollten diesem Rufer in der kirchlichen Wüste erspart bleiben.

5. »Kleriker – Psychogramm eines Ideals«

Die Dramatik dieses unscheinbaren Buchtitels des Eugen Drewermann dürfte wegen der raschen Folge der Publikationen zunächst gar nicht erkannt worden sein. Im Herbst 1989 hat es nach gründlichen Vorarbeiten mit dieser Veröffentlichung einen sichtbaren und hörbaren Höhepunkt gegeben. Was mag den 1966 zum Priester geweihten Drewermann bewogen haben, ausgerechnet zu diesem kritischen Zeitpunkt eines bereits schwelenden Konflikts ein Buch mit einem so provozierenden Inhalt zu publizieren?*

Die Dramatik des *Kleriker*-Buches dürfte zunächst stark unterschätzt worden sein, obwohl von vornherein klar gewesen sein dürfte, daß die römische Kirche genau an diesem heiklen Punkt am wenigsten dialogbereit reagieren würde. Mit der Verbreitung eines solch unhandlichen Buches mag man sich ebenfalls verrechnet haben. Wen interessieren schon Priesterprobleme auf fast tausend Seiten – angereichert mit viel unvermeidbaren autobiographischen Anteilen? Das kritische Buch mit dem buddhistischen Motto »Nur wer sich selbst entfaltet, bewirkt Gutes« machte in wenigen Monaten eine steile Karriere. Sogar »DER SPIEGEL« mußte 1991 dieses Werk in völlig »unpassender« Umgebung über Monate in seinen Bestseller-Listen führen. Verlag, Freunde und Kritiker mögen wieder gemeinsam Überraschungen erlebt haben.

* Eugen Drewermann: »Kleriker – Psychogramm eines Ideals«, Walter-Verlag Olten und Freiburg im Breisgau 1989, 8. Auflage 1991, 900 Seiten. Seit Herbst 1991 ist dieses Werk auch als dtv-Taschenbuch im dtv-Verlag München, Allgemeine Reihe Nr. 11443 lieferbar. Anfang 1992 schnellte diese Auflage auf über 100000.

Drewermann war hier erneut zu einer Gratwanderung aufgebrochen. Das deutliche Risiko schreckte ihn wenig, da er sich zunehmend der Wahrheit und nicht der Ruhe um jeden Preis verpflichtet weiß. Freunde hatten ihn gewarnt, genau zu diesem Zeitpunkt mit dieser schwierigen Thematik auf den Buchmarkt zu gehen. Kam hinzu, daß dieser produktive Autor auch vor der Gefahr des Vielschreibens geschützt werden sollte. Wenn vorausgehende Bücher noch zu wenig gelesen, kritisiert und rezensiert waren, dann kann eine erneute umfangreiche Publikation zu vermeidbaren Belastungen führen.

Das ehrliche Buch und sein eigenwilliger Einband mit der verfallenen Abtei im Eichwald von Caspar David Friedrich waren nicht zu bremsen. Drewermann sagte hierzu selbst: »Manche meiner Freunde haben mich gewarnt, andere, deren Wohlwollen mir nicht so zweifelsfrei erscheint, haben mir Mut zu machen versucht. Doch beider Voten sind nicht ausschlaggebend – sie können es nicht sein. Gewiß ist es leichter, kritischen Themen aus dem Wege zu gehen, zumal, wenn die Aussicht, eine wirkliche Änderung zu bewirken, womöglich in keinem Verhältnis zu der Höhe des zu erwartenden Risikos steht. Aber wenn es an sich schwierig genug ist, in den Fährnissen des Lebens zwischen Weisheit und Feigheit einigermaßen klar zu unterscheiden, so sollte es doch keinen Zweifel leiden, daß ein Theologe nicht ›weise‹ sein darf, wenn es darauf ankommt, engagiert zu sein« (*Kleriker*, S. 23).

Drewermann war während der Entstehung dieses für ihn so wichtigen Buches mitunter noch weniger ansprechbar als sonst. Er mußte mit scharfer Gegenrede rechnen. Auch damit, daß sich aufrechte, bewährte Priesterkollegen durch eine Pauschalkritik verletzt und beleidigt fühlen. So konnte es nicht ausbleiben, daß selbst wohlgesonnene Priester auf das *Kleriker*-Buch befremdet und ablehnend reagierten. Nicht jeder Leser mag registriert haben, wie betroffen, wie beteiligt, sensibel und differenziert der Theologe aus Paderborn an dieses Thema herangegangen war. Drewermann hatte sich dem naheliegenden Einwand schon gestellt, die erhabene Berufung zum Priester entziehe die beteiligte Psyche des Berufenen der psychologischen Kritik: »Der Schicksalsweg eines Klerikers sei der Weg der Berufung eines Menschen durch die Gnade Gottes; es handle sich hier um ein Mysterium sui generis, um ein Geheimnis sensu stricto, das sich nicht in die triviale Logik der ›Froschperspektive‹ etwa der Psychoanalyse einordnen lasse; wenn irgendwo, so gelte hier das Verbot Jesu, das Heilige nicht den ›Hunden‹ (Markus 7,27) bzw. die Perlen nicht den ›Schweinen‹ (Matthäus 7,6) vorzuwerfen«.

Nicht von ungefähr kommt in diesem Zusammenhang erneut der anspruchsvolle Georg Bernanos zu Wort. Bereits auf den ersten Seiten des *Kleriker*-Buches klagt der Autor über mangelnde Offenheit und Ehrlichkeit seiner eigenen kirchlichen Tradition.

Deutlicher geht es wohl kaum: »100 Jahre nach Friedrich Nietzsche und 70 Jahre nach Sigmund Freud ist in unserem Jahrhundert der Punkt längst erreicht und überschritten worden, von dem an es nicht mehr länger möglich ist, von Gott zum Menschen zu reden, wenn es menschlich, psychologisch nicht stimmt. Die Hinweise dafür sind keineswegs neu, sie wurden nur allzugern und allzulange übersehen« (*Kleriker*, S. 15). So war Drewermann in der Lage, die überfällige Diskussion um die zwangsweise Ehelosigkeit im Zölibat auf eine höhere, adäquate Ebene zu heben. Die kranken Biographie-Anteile in den Berufungen der Priester und Pastoren mögen mitschwingen, wenn es in diesem Buch zunächst auch nur um römisch-katholische Probleme zu gehen scheint. Der Autor lebt und webt in einer priesterlichen Existenz, die dieses Amt treu wahr- und vor allem ernstnimmt. Drewermann hat es gerade hier den Opportunisten und klerikalen Höflingen nicht leicht gemacht. Sein Priesterdasein spiegelt in Amts- und Lebensführung Ernst, Konsequenz, Treue und Glaubwürdigkeit wider. An seiner Bereitschaft zum Dienst in der Kirche hat es zu keiner Zeit gefehlt.

1991 feierte Drewermann sein 25jähriges Priesterjubiläum. Die Messe in der Kirche St. Georg blieb über viele Jahre sein täglicher Begleiter. Die Pflichten eines Subsidiars in der Kirchengemeinde hat er neben einer umfangreichen Therapiepraxis und Vortragstätigkeit, neben den Verpflichtungen als Hochschullehrer und als theologischer Schriftsteller immer konsequent durchgehalten. Die Resonanz auf den Priester in St. Georg hat diesen Teilarbeitsplatz bei mehreren Berufen lange Zeit stabil gehalten. Es dürfte nicht allein dem eklatanten Priestermangel zuzuschreiben sein, daß man seine Gemeindetätigkeit bisher noch nicht nachhaltig gestört hatte. Drewermann hat immer offen zugegeben, daß ein gewaltsamer Eingriff in seine Priester-Existenz ihn in der Seele treffen würde. Er sprach aber selbst von dieser Möglichkeit, weil er die Fähigkeit zur Selbstzerstörung bei der offiziellen Kirche für nahezu grenzenlos hält. Genau am 9. Januar 1992 hat ihm nun der Erzbischof von Paderborn die Predigtbefugnis per Dekret entzogen und damit auch den Gemeindeauftrag in St. Georg erlöschen lassen. Die endgültige Suspension vom Priesteramt ist in diesem schrittweisen Vorgehen bisher noch nicht erfolgt. Er selbst läßt sein Amt seit März 1992 ruhen.

Drewermann lebt eine glaubwürdige Priester-Existenz in den ersten Umrissen eines modernen Asketentums. Die bescheidene Wohnung im dritten Stock eines Beton-Hochhauses an einer stark befahrenen Durchgangsstraße in Paderborn paßt zu diesem sensiblen, poetischen, natur- und tierverbundenen Menschen kaum. Die kärgliche vegetarische Ernährung hat sich dem strengen Arbeitsrhythmus zu fügen. Lebensqualität, Wohnkomfort und auch die Kleidung mögen eher an Johannes den Täufer als an einen Bestseller-Autor erinnern. Auch in seinem großzügigen Umgang mit Geld dient er seiner Berufung in Richtung Zweidrittel-Welt, amnesty international, Greenpeace, Rotes Kreuz, WWF u. a., die Botschaft des Jesus Christus möglichst vielen Menschen glaubwürdig nahezubringen. Der alternative Lebensstil dieses Priesters fällt immer wieder neu auf. Gerade hat sich auch DER SPIEGEL damit befaßt, daß ein Leben ohne Auto, ohne Kühlschrank und ohne Telefon nahezu unvorstellbar erscheinen muß.

Streit um ein aufregendes Buch

Es war vorprogrammiert, daß der Streit um das *Kleriker*-Buch heftig werden mußte. Selbst Drewermann wohlgesonnene, ihn begeistert lesende Kollegen fühlten sich nach dieser Lektüre mißverstanden und verletzt. Das Gespräch über dieses Buch wurde auch mit positiven, ehrlichen und glaubwürdigen Priestern schwierig. Da wurde defensiv vorgetragen, daß man Mündigkeit, aufrechten Gang und Gelassenheit gerade in dieser Kirche, sogar in deren Priesterseminaren und in der Gemeindearbeit gelernt und gelebt habe. Priester, die man sonst als angenehm ruhig, souverän und auch sachlich distanziert in Erinnerung hatte, wurden auf einmal laut und heftig. Ob dem Eugen Drewermann diesmal doch ein paar taktische Fehler unterlaufen sind?

Priesterfreunde mußte man werbend auf den Boden der kirchlichen Realität zurückbringen. Es gelang sicher nur partiell, besonders dann, wenn die Ebene der frommen Emotion nicht verlassen werden konnte. Drewermann hat zu keiner Zeit und an keiner Stelle seiner bisher 43 Bücher mit einer Gesamtauflage von über einer Million Exemplaren geleugnet, daß es in der römischen Priestertradition viele treue Berufungen mit guter Ausstrahlung, mit glaubwürdiger Spiritualität, mit großen wissenschaftlichen und pastoralen Leistungen gegeben hat und noch gibt. Gerade weil Drewermann Anspruch und Struktur dieses Amtes so hochschätzt, kann er sich in solidarischer Kritik und in kritischer Liebe so weit hinauswagen. Dieses Buch konnte nur aus tiefem Respekt vor dem Priesteramt, aus Anerkennung des damit verbundenen Anspruchs und in Treue zur eigenen Berufung geschrieben

werden. Für einen Tendenz-Betrieb war der Streit mitgeliefert worden.

Die Sache des Jesus von Nazareth hat es nach seiner Meinung
gar nicht nötig, ängstlich geschützt und verteidigt zu werden.
Drewermanns Predigt gegen die Angst weiß nicht nur aus der
Theologie, daß sich Kritik an der Sache und Liebe zur Sache
gegenseitig brauchen und ergänzen. Der Autor weiß, in einer
für den Zeitgenossen verständlichen Sprache zu sagen, was
Sache ist um diesen Jesus Christus. Allen Unterstellungen
und Verdächtigungen zum Trotz gilt dies eben auch für dieses
teils abgelehnte Buch. Mißgunst und Neid vieler Theologen
werden auf Dauer nicht verhindern können, daß über die hier
vorgetragene Kirchenkritik ohne Zorn und Eifer der so lange
verweigerte theologische Diskurs eröffnet werden wird.

Es ist kein Zufall, daß auch in der lutherischen Tradition der
Kirche die reformatorischen Zwischenrufe aus Paderborn
sorgfältig registriert und aufgenommen werden. Die Treue zu
dem katholischen Theologen Martin Luther erzwingt nach
gut 450 Jahren verweigerter Reformation eine bewußte Zuwendung zu dieser modernen Kirchenkritik.

Luther und Drewermann lassen sich nicht nur wegen des großen zeitlichen Abstands nicht direkt miteinander vergleichen.
Parallelen zwischen Paderborn und Wittenberg können aber
auf Dauer nicht ausgeschlossen bleiben. In der Tiefe der theologischen und der ethischen Anfragen dürfte mitunter eine
gewisse Zeitlosigkeit der angesprochenen Probleme mitschwingen. Drewermanns Auseinandersetzung mit der Reformation im 16. Jahrhundert blieb bisher noch verhalten bis
unterentwickelt. Seine eher seltenen Hinweise auf Luther
verdienen um so mehr Aufmerksamkeit. Es gibt zum Beispiel
einzelne aufschlußreiche Sätze aus Paderborn über Luther
und die Angst, die für eine moderne Interpretation der reformatorischen Frage nach dem gnädigen Gott hilfreich sein
könnten. »Selbst ein halbes Jahrtausend nach Martin Luther
wissen wir im römischen Katholizismus immer noch nicht,

was Angst ist, das heißt, wir, die Kleriker im Amt, ersparen uns die Angst, die es kostet, ein Individuum zu sein, indem wir uns an Institutionen und scheinbar objektive Garantien göttlichen Heils klammern, als ob sie uns erlaubterweise oder gar verpflichtetermaßen von dem Lastgewicht der eigenen Existenz erleichtern könnten« (*Kleriker*, S. 149).

Die Suche nach möglichen Parallelen zwischen den beiden Priestern Luther und Drewermann wird den Ärger über das umstrittene Buch noch vermehren. Vom Traum einer angstfreien, menschenfreundlichen, selbstlos dienenden Kirche bleibt auch die Gegenwart noch weit entfernt. Noch immer geht es bei solchen Konflikten um Macht, um Macht über Menschen, über Meinungen und letztlich über Gewissen. Es geht auch hier um Befreiung aus der Angst, um ein neues Vertrauen im Licht des Evangeliums. Drewermann hat seiner Kirche Hilfen angeboten, das Priesterdasein aus bedrohenden Ängsten zu lösen. Die lehramtliche Kirche mußte in ihrer Angst dieses Angebot weitgehend verweigern. Es durfte nicht einmal ein theologischer Diskurs einsetzen über die Berechtigung und Notwendigkeit solcher Fragen.

Das *Kleriker*-Buch hat Lutheraner daran erinnert, auf Solidarität mit protestantischen Katholiken wieder mehr zu achten. Dies mag für zwischenkirchliche Gespräche auf der oberen Etage unbequem sein. Um der Sache willen werden beide kirchlichen Traditionen auf die Dauer an Drewermann nicht unbeteiligt vorübergehen können. Die lutherische Reformation wird als eine katholisch-kritische Potenz neu gefragt und herausgefordert sein. Lutheraner können sich nicht in ihren konfessionellen Lehnstuhl zurückziehen und die Kritik an der römischen Tradition Theologen wie Hans Küng, Leonardo Boff, Yves Congar, Edward Schillebeeckx und Eugen Drewermann allein überlassen.

Eine intensivere Auseinandersetzung zwischen Luther und Drewermann könnte für mehrere Konfessionen zugleich fruchtbar sein. Luther hätte sicher in seiner Zeit ein Kleriker-

Buch in dieser Schärfe nicht schreiben können, obwohl seine Angriffe auf Papst und Klerus nicht harmlos waren. Der zeitliche Abstand von rund 450 Jahren fällt erheblich ins Gewicht. Es wäre müßig zu fragen, ob Luther einen Satz wie diesen akzeptiert hätte: »Die Psychoanalyse verleugnet nicht das Kreuz Christi, sie macht überhaupt erst deutlich, worin sein erlösender Wert liegt« (*Kleriker*, S. 674). Der Theologe aus Wittenberg als ein begnadeter Anwalt einer klaren *theologia crucis* (= Theologie des Kreuzes) hätte mit solchen Wertungen seine Not gehabt.

Luther war aber auch – auf seine Art und in seiner Situation – ebenfalls ein Prediger gegen die Angst. Lange vor Freud hat sich der geplagte Augustinermönch mit der Angst herumgeschlagen und auseinandergesetzt: »Die Angst mich zu verzweifeln treib, daß nichts denn Sterben bei mir blieb, zur Höllen mußt ich sinken« (Evangelisches Kirchengesangbuch/EKG: 239,3). In einem anderen sehr bekannten Lied singt Luther »Und wenn die Welt voll Teufel wär und wollt uns gar verschlingen, so fürchten wir uns nicht so sehr, es soll uns doch gelingen« (EKG: 201,3). Für Hölle, Teufel und Dämonen setzt der Theologe Drewermann, aus der gleichen Tradition kommend, die Schatten und Bürden der Angst. Im Zeitalter nach Sigmund Freud läßt sich diese alte Bildersprache wohl kaum anders verstehbar aussprechen: »Dem Teufel ich gefangen lag, mein Sünd mich quälte Nacht und Tag, darin ich war geboren. Ich fiel auch immer tiefer drein, es war kein Guts am Leben mein, die Sünd hatt' mich besessen« (EKG 239,2).

Es wäre schon ein gefährlicher Weg, Drewermanns Kampf gegen die Angst zu verharmlosen, zu übergehen, zu disqualifizieren als Verkürzung des Evangeliums, als eine Psychologisierung von Gnade. Die Kirchen der Reformation täten gut daran, den Zusammenhang von Sünde und Angst neu zu bedenken. Die moderne Tiefenpsychologie könnte der Theologie behilflich sein, die Fragen nach dem gnädigen Gott und

nach dem gnädigen Nächsten aktuell verstehbar zu buchsta-
bieren. »Luthers Protest geriet, je länger desto mehr, zu
einem wütenden Aufstand der Persönlichkeit, des Subjekts
gegen den monolithisch starren Objektivismus der römischen
Theologie, aber man sah nicht und sieht bis heute nicht, daß es
die unpersönliche, gefühlskalte, subjektlose Form der Theologie selbst ist, die sich aufgrund ihrer eigenen Widersprüch-
lichkeit und Desintegriertheit immer wieder ihre »Ketzer«
und »Häretiker« erschafft und erschaffen muß, indem ihre
rationalistische Argumentationsweise sich weigert, persön-
liche Erfahrungen und menschliche Evidenzen als Argumen-
tationsbasis anzuerkennen. Es war nicht möglich, dem Augustinermönch Luther zuzubilligen, daß die Angst, die er in sich
fühlte, die Angst einer ganzen Zeit und eines ganzen Konti-
nents widerspiegelte; man war katholischerseits außerstande
zu begreifen, daß die Infragestellungen des Daseins, von denen Luther sprach, durch keinerlei Gesetz oder Weisung beruhigt, sondern allenfalls vermehrt werden konnten. Es war
unvermeidbar, daß Luthers Kritik an der Theologie seiner
Zeit bald schon zu einer Kritik an den Klerikern der Kirche
bzw. an dem Beamtenstatus des Klerikerdaseins geriet, doch
es hat bis heute nicht den Anschein, als wenn man den eigentlichen Kern des protestantischen Protests gegenüber der römischen Form des Christentums in der katholischen Kirche
verstanden hätte« (*Kleriker*, S. 148 f.).
Diesem O-Ton aus Paderborn wäre hier wenig hinzuzufü-
gen. Gerade weil Drewermann Kirche und Gemeinde aus der
eigenen Arbeit gut kennt, erlebt er die tiefgreifende Krise des
Priestertums um so schmerzhafter. Das *Kleriker*-Buch hat
eben nichts mit blutleerer Theologie, mit einem distanzierten
»Schreibtischtäter« zu tun. Die tägliche Messe, der regelmä-
ßige Sonntagsgottesdienst und die zahlreichen therapeuti-
schen Beichtgespräche untermauern das kritische Urteil dieses nicht nur wissenschaftlich ausgewiesenen Analytikers.
Sein Buch zeigt auch, wie eine primär lehramtlich orientierte

Kirche schnell überfordert sein dürfte, mit diesen theologischen Fragen adäquat umzugehen. So könnten die Diffamierung des Autors, die Verweigerung des fachlichen Dialogs und herabsetzende Äußerungen über die theologische Qualität dieses bewährten Priesters in ein System passen, das sich letztlich bereits durch Unfehlbarkeit in Sachen der Lehre und der Sitte abgesichert und qualifiziert hat.

Das *Kleriker*-Buch blieb trotz vielfach verunglückter Kommunikation ein faires, offenes Diskussionsangebot. Der Autor blieb extrem bescheiden, bereit zum theologischen Dialog trotz Massen-Auflagen, trotz Bestseller-Boom, trotz der zahlreichen Interviews und Talkshows. Man sollte schon wahrnehmen, daß sich Drewermann angenehm von anderen Kirchenkritikern und erst recht von Kirchenfeinden unterscheidet. Es gibt bereits eine Kirchenkritik, die in Überzeichnung, in Penetranz und in permanenter Wiederholung kontraproduktiv geworden ist. Drewermann, der keines seiner zahlreichen Bücher auf Effekt oder auf Markt angelegt hat, möge hier nicht in falsche Gesellschaft gebracht werden.

Das *Kleriker*-Buch hat bereits in der Analyse des aufregenden Befundes unbestreitbare Verdienste. Man erfährt nebenbei wertvolle Details aus der Geschichte der Dienstregelung Zölibat, die sich erst im 11. Jahrhundert in der westlichen Teilkirche hat durchsetzen können. Neue Erschütterungen brachte das 16. Jahrhundert in der Zeit der falsch eingeschätzten Reformation. Die Eheschließung des Augustiner-Mönchs aus Wittenberg 1525 mit der 26jährigen Zisterzienser-Nonne Katharina von Bora gehört ebenso in die wechselvolle Geschichte des Zölibats wie die nicht weniger heftigen aktuellen Erschütterungen dieses Instituts totaler Verfügbarkeit im kirchlichen Dienst. Neue Legitimationszwänge waren hinzugekommen, da die Sexualität mehr und mehr aufgehört hat, primär der geordneten und der ungeordneten Fortpflanzung zu dienen. Von weltweit etwa 450 000 Priestern sollen in den letzten 25 Jahren rund 80 000 offiziell geheiratet und damit ihr kirchliches Amt verloren haben. An diesen wunden Stellen hätte Drewermann ohne weiteres noch deutlicher und schärfer werden können. Andere empfanden es als auffallend angenehm, daß gerade auch hier leise und behutsam argumentiert wird. Dabei wurde das pastorale Bemühen Drewermanns erkennbar, betroffenen Kollegen zunächst Lebenshilfe zu geben, das schlechte Gewissen und die belastende Angst zu nehmen. Natürlich mußte auch die lähmende Unaufrichtigkeit angesprochen werden, die gerade diese wunden Punkte permanent begleitet und belastet. Die hereindrängenden Fragen um verheiratete Priester und Priesterinnen wurden im Blick auf den gemeindlichen Alltag noch recht moderat behandelt. Für das *Kleriker*-Buch steht allerdings außerhalb jedes Zweifels, daß im Konfliktfall die aufbrechende Liebe zwischen zwei Menschen bei genauer Güterabwägung kaum hinter dem dienstlichen Treue-Eid zu stehen kommt. Der bewußt verantwortete Bruch eines Dienstgelübdes wird als eine Form konstruktiven Ungehorsams angesehen. So fern von Martin Luther liegen solche Gedanken dann auch wiederum nicht.

Wer wie Drewermann auf Gefühle, auf Not, auf Schuld und auf Angst von real existierenden Menschen wirklich eingeht, dem bleiben letztlich dogmatische Richtigkeiten zusammen mit glatten Dienstregeln weitgehend verschlossen. Sein Eingehen auf den jeweiligen biographischen Hintergrund der Priester macht diese schwierige Berufswahl auch tiefenpsychologisch transparent.

Drewermann kann es gar nicht vermeiden, indirekt auch seinen eigenen Lebensweg im Priesteramt mitschwingen zu lassen. In dieser ungewohnten Ehrlichkeit wird zusammen mit der hohen Berufung das wirkliche Leben einbezogen, zum Beispiel: frühkindliche traumatische Erlebnisse, zu enge Mutterbindung, das Fehlen des Vaters, belastende Eheschwierigkeiten der Eltern, Bindungsunfähigkeit in Richtung Partnerschaft und Ehe, eine verschleppte oder verpaßte Pubertät, frommes Geltungsbedürfnis und anderes mehr. Das

Kleriker-Buch mußte an diesen Stellen etwas deutlicher werden. An keinem Punkt wird behauptet, daß ausschließlich kranke, labile Persönlichkeiten in diesen verletzlichen Beruf drängten. Es wird auch mehrfach deutlich gesagt, daß eben nicht erst die evangelischen Räte – Armut, Gehorsam und Ehelosigkeit – Menschen belasten und verändern. Beim angehenden Priester interessiert schon lange vorher dessen psychische Grunddisposition. Es gibt genug schwache, beschädigte, gebeugte, depressive Menschen ohne aufrechten Gang auch außerhalb der kirchlichen Institutionen. Es gibt aber seelische Grundbefindlichkeiten eines vorauseilenden Gehorsams, die sich gut eignen für den Dienst angepaßter, braver Priester in einem reibungslos, kritikfrei funktionierenden System.

Probleme der Angepaßtheit und der jeweils richtigen Sprachregelung gibt es in allen autoritären Gemeinschaften. Es gilt selbstverständlich nicht nur für die römische Kirche, daß Strukturen gutwillige Menschen neurotisieren, spalten und kaputtmachen können. Drewermann spricht hier Dinge an, die vielfach gar nicht bezweifelt werden, die aber genau unter der strengen Regel zu bleiben haben, daß man schon gar nicht darüber als kirchlicher »Nestbeschmutzer« nicht soll. Solche Sprach-Tabus wurden in Paderborn hinweggefegt. Das *Kleriker*-Buch geht dann noch weiter und berichtet von erkennbaren Kompensationen im Priesterleben: gesteigerte Arbeitswut, Flucht in geschwätzigen Eifer, in gestellte Fröhlichkeit, in liturgische Kleinkunst. Das Leben *in coloribus* (= in Farben), die Verliebtheit in klerikale Textilien und auch die Verstellung der natürlichen Stimme werden genannt. Andere fliehen in diverse Varianten von theologischem und ethischem Fundamentalismus. Der Ausweg in Richtung Drogen – speziell Alkohol, Depression und Suizid gehören hierher. Der Priester existiert nach Drewermann in einer freiwillig gewählten Form struktureller Irrationalität. Nicht alle Amtsträger werden automatisch krank oder lebensunfähig – sie leben aber nahe am Abgrund. Man kann vordergründig schon verstehen, daß es Hemmungen, ja Ängste gibt, eine so risikoreiche Diskussion überhaupt aufzunehmen. Auf der anderen Seite helfen Verschweigen, Wegschauen und Totschweigen nicht zu neuem, aufrichtigem Leben. Der tiefenpsychologisch fragende Drewermann dürfte hier allem äußeren Anschein zum Trotz doch auf dem »längeren Hebel« sitzen. Verdrängung dürfte der sicherste Weg in tiefere Krisen der Kirche sein.

»Frauen wären die besseren Priester«

Die gleichberechtigte Frau im kirchlichen Amt wäre für den Theologen und Therapeuten aus Paderborn kein unlösbares Problem. Im Gegenteil über einem SPIEGEL-Interview (Nr. 52/91) zu Weihnachten 1991 stand genau diese Behauptung als wörtliches Zitat über sieben Druckseiten eines intensiven Gesprächs. Drewermann steht hier theologisch und exegetisch nicht allein. Er weiß, daß es weder dogmatisch noch exegetisch zwingende Gründe gibt, Frauen grundsätzlich vom Amt der Kirche auszuschließen. Ebenso haben die erst wenige Jahrzehnte zählenden positiven Erfahrungen mit Pfarrerinnen und Pastorinnen im evangelischen Bereich diese ein wenig provozierenden Gedanken mitgestaltet. Es könnte ja sein, daß Frauen im Umgang mit biblischen Texten eigene Zugänge und Bereicherungen einbringen. Es könnte ja sein, daß Frauen im pastoralen Umgang menschlicher, freundlicher, barmherziger, dem Menschen intensiver zugewandt arbeiten. Eine eigene Feinheit des kirchlichen Systems deutet sich auch dadurch an, daß fromme Frauen mitunter die Zurücksetzung von Artgenossinnen durch die Kirche gut und nützlich finden. Die in seiner Kirche vertraute Verdrängung der Frau aus den kirchlichen Ämtern nennt Drewermann in seiner bescheidenen Art einen ehrwürdigen Anachronismus, der durch die Dauer der Jahrhunderte nicht plausibler werden dürfte. Diesen Detailaspekt eines kranken und krankmachenden Systems wollte der freundliche Kirchenkritiker aus Paderborn nicht ganz übergehen, während er über die vielen eheähnlichen Partnerschaften in katholischen Pfarrhäusern fast nichts sagt.

Das hindert nicht daran, die hier angedeuteten Gedanken als extrem unsympathisch und als gefährlich einzustufen. Die kirchliche Hierarchie reagiert vielfach nur noch angstgesteuert, was zum Teil mitunter sogar innen zugegeben wird. Die kirchliche Gemeindebasis ist inzwischen wacher, unruhiger und auch aufsässiger geworden. Frauen im Priesteramt könnten einen vorhandenen wenig sympathischen Trend noch verstärken. Die Ordination römisch-katholischer Frauen dürfte sich von einer Frage der Dogmatik zu einer Frage der Macht entwickelt haben.

So hält das *Kleriker*-Buch für Theologen und für Kirchenrechtler doch ein paar freundliche Überraschungen bereit, die je nach Landschaft und Aufklärung auch Schmerzgrenzen berühren. Auch die ethischen Diskussionsbeiträge strapazieren kirchliche Leser, die gewohnt sind, das *sentire cum ecclesia* (= das Denken mit der Kirche) intensiv und bewußt zu pflegen. Drewermann hat in aktuell politischen Beiträgen immer wieder mitgeteilt, daß für eine Welt nahe am Abgrund, für eine stark erschöpfte Schöpfung an der Schwelle zum 21. Jahrhundert dringendere Fragen anstehen als der Zölibat, der außereheliche Geschlechtsverkehr und selbst tragische Verstrickungen in der Problematik der Abtreibung.

Zu den Fragen des Lebensschutzes zum Beginn des menschlichen Lebens hat Drewermanns Zwischenrede besonders geärgert, weil sich die Amtskirche auch hier ungern dreinreden lassen möchte. In der schwierigen Spannung zwischen Strafrecht und Barmherzigkeit können theologische Gedanken schon stören. Drewermann scheut sich nicht zu sagen, daß bei dem Konflikt Leben gegen Leben auch einmal das kleinere Übel bei einer Abtreibung liegen könnte. In seinem SPIE-

GEL-Gespräch vom Dezember 1991 (Nr. 52/91) wurde er noch deutlicher mit der ethisch anspruchsvollen Formel, daß ein ungeborenes Kind in dem Maß wird leben können, wie die Mutter mit diesem Kind wird leben können. Diese ethischen Gehversuche nahe am Menschen und nahe an den extremen Problemen des real existierenden Lebens liegen diesem Priester der Barmherzigkeit. Seine kirchenamtlichen Kontrolleure werden gerade an diesen Stellen hellhörig und nervös zugleich.

Mit dem umstrittenen, inzwischen weit verbreiteten *Kleriker*-Buch werden viele evangelische, aber auch römisch-katholische Leser darin übereinstimmen, daß heute mit Recht Tabuzonen offen und ehrlich angesprochen werden. Drewermann leidet an seiner geliebten Mutter Kirche wie viele Menschen vor ihm und neben ihm. Neu ist bei ihm der Mut, offen und ehrlich zu publizieren. Unter dem Schutz seines klaren, frommen Verstandes und unter dem Schutz der Öffentlichkeit wirbt er für eine besser informierte und reformierte Kirche. Seine Treue zur Sache läßt ihn noch immer mit Geduld auf einen theologischen Fachdialog hoffen. Er zeigt inzwischen manchmal Enttäuschung, daß bisher so wenig Signale in Richtung eines offenen Diskurses hörbar und vernehmbar geworden sind. Drewermann hat sich bisher selbstlos für seine Kirche eingesetzt. Sein Hoffen und Warten als ein Nebenprodukt einer stabilen kirchlichen Sozialisation in der Nachkriegszeit mag auf andere Kirchenkritiker bereits eher naiv wirken.

Das *Kleriker*-Buch hätte vielleicht ein wenig mehr anerkennen können, daß die Gegenseite auch positiv zum konstruktiven Streit beigetragen hat. Es spricht für die römische Kirche, daß ein Theologe dieser Qualität bisher lange Zeit weitgehend ungestört arbeiten und publizieren konnte. Die größere Bandbreite des Katholischen und die *complexio oppositorum* (= die Umfassung der Gegensätze) schienen zunächst den Ton anzugeben. Seit Herbst 1991 mit dem Entzug der kirchlichen Lehrerlaubnis in Paderborn sieht die Lage dieses unbequemen, produktiven Privatdozenten schon ein wenig anders aus. Es sprach für die römische Kirche und für die dort vorhandene positive Wirkungsgeschichte des Evangeliums, daß Drewermann bisher ungestört seine priesterlichen Funktionen ausüben konnte. So schlecht dürfte es dann anscheinend um die Offenheit, Toleranz, um Kritik- und Dialogbereitschaft gar nicht bestellt sein. Der Beifall für den »endlich handelnden« Ortsbischof von Paderborn hielt sich dann doch in Grenzen. Es mußte auch unangenehm auffallen, daß ausgerechnet in Paderborn nahezu zeitgleich posthum kirchliche Ehrungen für den Jesuiten und Hexenanwalt Friedrich von Spee (1591 bis 1635) vorgenommen worden sind. Die Kirchengemeinden und eine kirchenkritische Öffentlichkeit fangen an, solche »Spiele« zu durchschauen.

Drewermann wirkt weiter als ein gefragter und beachteter Rufer in der kirchlichen Wüste. Menschen, die von Kirche sonst kaum etwas Positives erwartet haben, lernten, auf diesen Theologen zu achten, ihn zu hören und auch zu lesen. Dabei bleibt Drewermann trotz aller Akzeptanz in dem enger werdenden Klima des ausgehenden 20. Jahrhunderts auch Mißdeutungen, Fehlurteilen, Verleumdungen und flüchtiger Solidarität ausgesetzt. Belastend wirken auch Haltungen, die ihn gerne zum Märtyrer, Meister und zum Guru machen möchten. Kritische rom-treue Katholiken warnen im Zusammenhang mit Drewermann vor einer schleichenden »Protestantisierung« der Kirche Roms. So falsch und fernliegend dürften diese Gedanken gar nicht sein. Hat doch dieser Drewermann wirklich zeitversetzt den mühsamen Versuch gestartet, die verpaßte Reformation von vor 450 Jahren in Erinnerung zu rufen. Das tat er in einer Kirche, die dabei ist, ihr letztes Reformkonzil unter Johannes XXIII. zunehmend zu verdrängen bzw. Stück für Stück zurückzunehmen.

Die Anfragen aus Paderborn enthalten auch den Balanceakt, Fragen der Reformation mit Antworten von heute zu versehen. Seine Berührungspunkte mit Luther und mit dem dänischen Lutheraner des 19. Jahrhunderts sollen nicht den Eindruck entstehen lassen, als wären nach Kierkegaard alle Fragen der Reformation endlich aufgenommen worden. Neu melden sich die Zugänge über die Tiefenpsychologie und über die moderne Religionswissenschaft zu Wort. Drewermanns Anfragen richten sich aber über Rom hinaus auch kritisch an andere Konfessionen. Die Reaktion der lutherisch, katholischen Tradition könnte dabei spannend und produktiv werden. Luthers Fragen an seine römische Mutter-Kirche sind bis heute nur partiell aufgenommen und unbefriedigend beantwortet worden. Auf diesem Weg könnten Impulse aus Paderborn auch ökumenisch relevant werden. Viele fundamentalen theologischen Fragen berühren heute mehrere Konfessionen zugleich: je zentraler die Frage, desto weiter der Radius im ökumenischen Feld. Bei dieser aktualisierten Reformation, die das Evangelium neu in der Sprache von heute für den Zeitgenossen verständlich macht, wird es um mehr gehen als um die Priesterin und um die Sorgen um den erschlafften Zölibat.

Eine Großorganisation kann im Überhören kritischer Fragen ebenfalls böse Überraschungen erleben. Die Frage der theologisch unterschätzten und kirchlich verpaßten Reformation im 16. Jahrhundert ließen sich auf Dauer nicht unter dem Teppich halten. Diese verdrängten Fragen werden sich an anderer Stelle und zur Unzeit mit neuer Wucht melden. Ob Drewermann unbewußt die versäumten Dialoge der Reformationszeit eingefordert und nachgefordert hat? Der Therapeut aus Paderborn weiß, daß ein Luther durch Lehrverbot, durch Bußschweigen, durch Bann und Exkommunikation nicht zum Schweigen gebracht werden konnte. So wirkt sich das Scheitern der Kirche im 16. Jahrhundert bis auf heutige Kirchenkritiker aus.

Die alten Fragen sind wieder da. Mühsame Umwege über Kant, Kierkegaard, Nietzsche und über Freud sind bisher noch kaum wahrgenommen worden. Die Herausforderungen der frommen katholischen Reformatoren waren eben nicht mit dem Überdruck wild gewordener Mönche zu erklären. Die Entdeckung des Gewissens, die Hinwendung zum einzelnen, die Verantwortung des Individuums, die Hinwendung zum Subjektiven, das Postulat der Freiheit, und die glaubwürdige Vermittlung des Glaubens fern von steriler Belehrung melden sich wieder. »Von der Freiheit eines Christenmenschen« muß wirklich wieder neu geredet werden.

Eine Zuwendung für Drewermann in den Kirchen der Reformation wird trotz dieses Buches erst langsam erkennbar. Es ginge dabei gerade nicht um eine Einmischung in peinliche interne Angelegenheiten einer verwandten Kirche. Drewermann hat längst über die gut gehüteten Kirchenzäune hinaus gewirkt. Evangelische Theologen tun gut daran, diese Diskussion konstruktiv aufzunehmen. Evangelische Traditionen in Treue zu den jeweiligen Bekenntnissen brauchen die Nähe zu diesem angeblichen Häretiker nicht zu fürchten. Im Gegenteil, man könnte dort auf neue Impulse mit größerer Geduld und mit mit längerem Atem reagieren.

Der Streit um das *Kleriker*-Buch kann noch an Präzision und auch an Schärfe zulegen. Sicher lauern auch Gefahren in diesem Disput, wenn Drewermann einfach unterstellt wird, er höhle die Offenbarung aus, entwerte die Gnade, psychologisiere in dogmatische Wahrheiten hinein und er verachte die Gemeinschaft der Kirche. Unkenntnis und auch Dummheit blieben im Spiel.

Drewermann möge seiner Kirche als kritischer Frager, als Rufer in der Wüste und als Prediger gegen die Angst möglichst lange und gut hörbar erhalten bleiben. Jede Kirche bringt die Kritiker in den eigenen Reihen hervor, die sie dringend braucht und durch eigenes Fehlverhalten ausgelöst hat. An jeder Kritik, gerade wenn sie treffsicher wirkt und Schmerzen auslöst, bleibt ein innerer Anlaß, der auch von innen bearbeitet werden kann. Die Distanz zu einer Theologie von diesem Rang dürfte dann so billig auch nicht zu haben sein. Fußtritte gegen Reformatoren lassen sich nicht über Jahrhunderte verteidigen und beliebig zur kirchlichen Selbsterhaltung wiederholen.

Die Kirche wird gerade in ihrer römischen Teilexistenz kritische Impulse dieser Art auch in Zukunft brauchen. Lehr- und Schreibverbote oder andere Gewaltmaßnahmen helfen nicht, sie verschärften die Probleme nur noch. Die Schubkraft eines Drewermann hat dann doch mit Reformation mehr zu tun, als das zunächst erkannt werden konnte: *Ecclesia reformata semper reformanda* (d. h. etwa: die reformierte Kirche braucht immer wieder ihre Reformation). Diese Regel des deutsch-niederländischen Theologen Konrad Vortius aus dem 17. Jahrhundert könnte für den aktuellen Umgang mit Kirchenkritik wieder wichtig werden. In diesem Sinn haben die Anfragen aus Paderborn längst über den Bereich einer Konfession hinaus gewirkt. Es wäre für ein ehrliches Miteinander in der evangelisch-katholischen Ökumene an der Zeit, auch dieser Tatsache offen ins Auge zu sehen. Das *Kleriker*-Buch hat indirekt dazu beigetragen, daß eine Ökumene der großen Worte, der erhabenen Gesten und des unlauteren Jubels nicht gefragt sein kann. Drewermann hat sich hier auch um eine offene und ehrliche Ökumene verdient gemacht. Der Streit um den Glauben geht weiter.

Eugen Drewermann

Biographische Daten

20. Juni 1940 in Bergkamen bei Dortmund geboren.
Seine Mutter war römisch-katholisch, sein Vater, ein Bergarbeiter, gehörte zur evangelischen Kirche.
Studium der Philosophie in Münster.
Studium der Theologie in Paderborn.
Studium der Psychoanalyse in Göttingen.
1966 Priesterweihe in Paderborn.
Pastorale Aufgaben in Paderborn und Bad Driburg.
Präfekt des Erzbischöflichen Theologenkonvikts in Paderborn. Von 1975 bis 1992 Subsidiar in St. Georg in Paderborn.
1978 erscheint sein dreibändiges Werk »Strukturen des Bösen«, das als Dissertation und als Habilitation von der Theologischen Fakultät in Paderborn angenommen wird.
1979 erteilt ihm der Erzbischof von Paderborn Johannes Joachim Degenhardt die Lehrbefugnis im Fach Katholische Dogmatik.
6. Juli 1990 ausführliches theologisches Gespräch zwischen dem Erzbischof und Drewermann von sechs Stunden Dauer.
7. Oktober 1991 Entzug der kirchlichen Lehrerlaubnis durch den Erzbischof.
9. Januar 1992 Entzug der Predigterlaubnis.
Rücknahme der Beauftragung in St. Georg.
Seit 16. März 1992 läßt Drewermann die Ausübung seines Priesteramtes ruhen.

Seine Bücher
Ein Gesamtverzeichnis

(43 Titel – Stand Frühjahr 1992)

Strukturen des Bösen.
Die jahwistische Urgeschichte in exegetischer, psychoanalytischer und philosophischer Sicht. (Paderborner Theol. Studien, 4–6): Schöningh Verlag, Paderborn.
Teil 1: Die jahwistische Urgeschichte in exegetischer Sicht. 6. Auflage 1987, 413 Seiten, 8 Abbildungen.
Teil 2: Die jahwistische Urgeschichte in psychoanalytischer Sicht. 5. Auflage 1985, 680 Seiten, 9 Abbildungen.
Teil 3: Die jahwistische Urgeschichte in philosophischer Sicht. 6. Auflage 1989, 656 Seiten, 16 Abbildungen.

Die Strukturen des Bösen.
3 Bände 1988, zusammen 1930 Seiten, 17 Abbildungen. Schöningh Verlag, Paderborn. Sonderausgabe in Kassette, kartoniert.

Psychoanalyse und Moraltheologie.
Matthias-Grünewald-Verlag, Mainz.
Band 1: Angst und Schuld. 10. Auflage 1991, 208 Seiten.
Band 2: Wege und Umwege der Liebe. 8. Auflage 1991, 316 Seiten.
Band 3: An den Grenzen des Lebens. 4. Auflage 1990, 280 Seiten.

Tiefenpsychologie und Exegese.
Walter-Verlag, Olten.
Band I: Die Wahrheit der Formen. Traum, Mythos, Märchen, Sage und Legende. 8. Auflage 1990, 576 Seiten.
Band II: Die Wahrheit der Werke und Worte. Wunder, Vision, Weissagung, Apokalypse, Geschichte, Gleichnis. 6. Auflage 1990, 851 Seiten.

Tiefenpsychologie und Exegese.
2 Bände, 2. Auflage 1991, 1427 Seiten, Walter-Verlag, Olten, Sonderausgabe.

Das Markusevangelium.
Bilder von Erlösung. Walter-Verlag, Olten.
Teil 1: 7. Auflage 1991, 656 Seiten, 4 farbige Tafeln.
Teil 2: 4. Auflage 1991, 796 Seiten, 4 farbige Tafeln.

Das Markusevangelium in Übersetzung von Eugen Drewermann.
2. Auflage 1990, 75 Seiten. Walter-Verlag, Olten.

Kleriker – Psychogramm eines Ideals.
8. Auflage 1991, 900 Seiten. Walter-Verlag, Olten.

Kleriker. Psychogramm eines Ideals.
1991. 900 Seiten, dtv Allgemeine Reihe Nr. 11 443, dtv-Verlag, München.

An ihren Früchten sollt ihr sie erkennen.
Antwort auf Rudolf Peschs und Gerhard Lohfinks »Tiefenpsychologie und keine Exegese«. Mit einem Beitrag von Stefan Schmitz, 4. Auflage 1990, 204 Seiten. Walter-Verlag, Olten.

Brüderchen und Schwesterchen. 3. Auflage 1991, 97 Seiten, 4 farbige Tafeln. Grimms Märchen tiefenpsychologisch gedeutet. Walter-Verlag, Olten.

Dein Name ist wie der Geschmack des Lebens. Tiefenpsychologische Deutung der Kindheitsgeschichte nach dem Lukasevangelium. 3. Auflage 1990, 167 Seiten, 8 farbige Tafeln. Herder Verlag, Freiburg.

Das Eigentliche ist unsichtbar. Eine tiefenpsychologische Deutung des Kleinen Prinzen. 1992. 120 Seiten. Herder Spektrum Nr. 4068, Herder Verlag, Freiburg.

Der Herr Gevatter / Der Gevatter Tod / Fundevogel. 2. Auflage 1991, 85 Seiten, 4 farbige Tafeln. Grimms Märchen tiefenpsychologisch gedeutet. Walter-Verlag, Olten.

Ich steige hinab in die Barke der Sonne. Meditationen zu Tod und Auferstehung. 4. Auflage 1991, 322 Seiten, 7 farbige und 1 schwarzweiße Abbildung, Walter-Verlag, Olten.

Die kluge Else / Rapunzel. 5. Auflage 1991, 101 Seiten, 6 Abbildungen. Grimms Märchen tiefenpsychologisch gedeutet. Walter-Verlag, Olten.

Der Krieg und das Christentum. 2. Auflage 1984, 436 Seiten. reihe engagement. Verlag Pustet, Regensburg.

Leben, das dem Tod entwächst. Predigten zur Passions- und Osterzeit. Herausgegeben von Bernd Marz. 1991. 304 Seiten, Patmos-Verlag, Düsseldorf.

Marienkind. Illustriert von Ingritt Neuhaus. 4. Auflage 1990, 63 Seiten, 8 farbige Tafeln. Grimms Märchen tiefenpsychologisch gedeutet. Walter-Verlag, Olten.

Milomaki oder vom Geist der Musik. Eine Mythe der Yahuna-Indianer, 2. Auflage 1991, 73 Seiten, 4 farbige Tafeln. Mythen der Völker tiefenpsychologisch gedeutet. Walter-Verlag, Olten.

Der offene Himmel. Predigten zum Advent und zur Weihnacht. Herausgegeben von Bernd Marz. 3. Auflage 1991, 220 Seiten. Patmos-Verlag, Düsseldorf.

Sind Propheten dieser Kirche ein Ärgernis? 1991. 80 Seiten. Pendo-Verlag, Zürich.

Die Spirale der Angst. Der Krieg und das Christentum. Mit vier Reden gegen den Krieg am Golf. 1991, 436 Seiten. Herder Verlag, Freiburg.

Der tödliche Fortschritt. Von der Zerstörung der Erde und des Menschen im Erbe des Christentums. 6. erweiterte und aktualisierte Auflage 1990, 407 Seiten. Verlag Pustet, Regensburg.

Der tödliche Fortschritt. Von der Zerstörung der Erde und des Menschen im Erbe des Christentums. 1991. Herder Spektrum Nr. 4032. Herder Verlag, Freiburg.

Der Trommler. 3. Auflage 1990, 82 Seiten, 4 farbige Tafeln. Grimms Märchen tiefenpsychologisch gedeutet. Walter-Verlag, Olten.

Über die Unsterblichkeit der Tiere. Hoffnung für die leidende Kreatur. Vorwort von Luise Rinser. 3. Auflage 1991, 65 Seiten. Walter-Verlag, Olten.

Was uns die Zukunft gibt. Vom Reichtum des Lebens. Herausgegeben von Andreas Heller, 3. Auflage 1992, 229 Seiten. Walter-Verlag, Olten.

Wort des Heils. Wort der Heilung. Von der befreienden Kraft des Glaubens. Gespräche und Interviews. Herausgegeben von Bernd Marz. Patmos-Verlag, Düsseldorf.
Band 1: 6. Auflage 1991, 212 Seiten.
Band 2: 3. Auflage 1990, 224 Seiten.
Band 3: 2. Auflage 1990, 160 Seiten.

Worte für ein unentdecktes Land. Eingeleitet und herausgegeben von Karin Walter. 2. Auflage 1990, 128 Seiten, Herder Verlag, Freiburg.

Zwischen Staub und Sternen. Predigten im Jahreskreis. Herausgegeben von Bernd Marz. 1991. 240 Seiten. Patmos-Verlag, Düsseldorf.

Zusammen mit Michael Helfer und Günter Höver: Freispruch für Kain? Über den Umgang mit Schuld. 3. Auflage, 108 Seiten. Topos Taschenbuch Kontakte Nr. 158. Matthias-Grünewald-Verlag, Mainz.

Zusammen mit Jürgen Jeziorowski: Gespräche über die Angst. 3. Auflage 1992, 122 Seiten, GTB Siebenstern 1296, Gütersloher Verlagshaus Gerd Mohn.

Zusammen mit Ingritt Neuhaus (Illustrationen): Das Eigentliche ist unsichtbar. Der Kleine Prinz von Antoine de Saint-Exupery tiefenpsychologisch gedeutet. 14. Auflage 1991, 120 Seiten, 9 farbige Illustrationen, Herder Verlag, Freiburg.

Zusammen mit Ingritt Neuhaus (Illustrationen): Frau Holle. 8. Auflage 1990, 52 Seiten, 8 farbige Tafeln. Grimms Märchen tiefenpsychologisch gedeutet. Walter-Verlag, Olten.

Zusammen mit Ingritt Neuhaus (Illustrationen): Der goldene Vogel. 8. Auflage 1991, 64 Seiten, 13 farbige Tafeln. Grimms Märchen tiefenpsychologisch gedeutet. Walter-Verlag, Olten.

Zusammen mit Ingritt Neuhaus (Illustrationen): Die Kristallkugel. 5. Auflage 1991, 64 Seiten, 7 farbige Tafeln. Grimms Märchen tiefenpsychologisch gedeutet. Walter-Verlag, Olten.

Zusammen mit Ingritt Neuhaus (Illustrationen): Das Mädchen ohne Hände. 11. Auflage 1992, 48 Seiten, 12 farbige Tafeln. Grimms Märchen tiefenpsychologisch gedeutet. Walter-Verlag, Olten.

Zusammen mit Ingritt Neuhaus (Illustrationen): Schneeweisschen und Rosenrot. 7. Auflage 1991, 56 Seiten, 6 farbige Tafeln. Grimms Märchen tiefenpsychologisch gedeutet. Walter-Verlag, Olten.

Zusammen mit Ingritt Neuhaus (Illustrationen): Voller Erbarmen rettet er uns. Die Tobit-Legende tiefenpsychologisch gedeutet. 5. Auflage 1990, 93 Seiten, 9 farbige Tafeln. Herder Verlag, Freiburg.

Das Matthäusevangelium. Bilder der Erfüllung. 1. Teil 1992, 848 Seiten, 4 Farbtafeln. Walter-Verlag, Olten.

Daß alle eins seien. Predigten zwischen Himmelfahrt und Dreifaltig-keitsfest. Herausgegeben von Bernd Marz 1992, 192 Seiten, im Pat-mos-Verlag, Düsseldorf.

Worum es eigentlich geht – Protokoll einer Verurteilung, 1992 im Kösel-Verlag, München, 512 Seiten.

Eugen Drewermann
Jürgen Jeziorowski

Gespräche
über die Angst

3. Auflage. 122 Seiten.
[3-579-01296-7] GTB 1296

Eugen Drewermann hat eine
breite Analyse des modernen
Angstphänomens entfaltet.
In mehreren Gesprächen wird
hier ein erster Versuch unter-
nommen, dieses Thema mit Fragen der evangelischen Theologie
zu verbinden.

Gleichzeitig eine ebenso knappe
wie gute Einführung in Drewermanns Denken.

**Eugen Drewermann
Jürgen Jeziorowski
Gespräche
über die Angst**

GTBSiebenstern

**Gütersloher
Verlagshaus**
G e r d   M o h n

Wörterbuch der Feministischen Theologie (WFT)

Herausgegeben von Elisabeth Gössmann, Elisabeth Moltmann-Wendel, Herlinde Pissarek-Hudelist, Ina Praetorius, Luise Schottroff und Helen Schüngel-Straumann. 476 Seiten. Geb. [3-579-00285-6]

Ein Wörterbuch, das den Prozeß der Feministischen Theologie festhält für TheologInnen, LaiInnen, Frauen und Männer, für LeserInnen, die bereit sind, neue theologische Wege zu gehen.

In den knapp 100 Stichwörtern behandeln 77 Autorinnen zentrale Themen und Probleme feministisch-theologischer Diskussion. Erwachsen sind sie aus der weltweiten feministischen Diskussion und widerspiegeln auf diese Weise den Prozeß und den augenblicklichen Stand in einer Breite, wie es bislang noch nicht geschehen ist. Ein umfangreiches Sachregister stellt die Verbindungen her, wenn dogmatisch gängige und sachlich wichtige Stichworte vermißt werden. Eine Arbeitsgrundlage für nichttheologische und theologische Studien genauso wie für kirchliche Arbeit und Gemeindearbeit.

Gütersloher Verlagshaus
Gerd Mohn